JN105856

身勝手な世界に生きるまじめすぎる人たち

罪悪感を手放して毎日をラクにする方法

イルセ・サン
Ilse Sand
枇谷玲子 訳

SEE YOURSELF WITH FRIENDLY EYES

Discover
ディスカヴァー

自己診断テスト

あなたの罪悪感はどれくらい？

これから、あなたが他人に対して覚える罪悪感について調べましょう。

ある特定の人のことを考えてテストに取り組んでください。まずはこの本を読む前と読んだ後に、同じ人のことを考えて、テストをしてみることをお勧めします。


あなたが思い浮かべた人は、恋人かもしれませんし、友人かもしれませんし、親かもしれませんし、同僚かもしれません。実際、あなたが自分がどう反応するか気になる相手なら誰でも調べることができます。

テスト結果から、あなたについてわかるだけでなく、ほかの人のことや、あなたとその人の関係性もわかるでしょう。


あまり深く考え込まずに、頭に自然と浮かんだ通りに答えることが大切です。

テストが終わるまでは、テスト結果に目を通すのはやめましょう。先に見てしまうと、結果が変わってしまいます。

以下の各質問項目に、
次の中から選んで
点数を入れてください。

0点＝まったく当てはまらない　1点＝ほとんど当てはまらない
2点＝少し当てはまる　3点＝ほぼ当てはまる
4点＝完全に当てはまる

1	約束をキャンセルする連絡をしなくてはならないとき、罪悪感を覚える	
2	誰かと一緒にいるときに、半分以上の時間、自分の話をしてしまうと、罪悪感を覚える	
3	機嫌が悪い人がいると罪悪感を覚え、その人をもっと助ければよかったと感じる	
4	ある人が、あなたのせいで何かが台無しになってしまったと言い出したら、悲しくなってあやまってしまう	
5	ある人を訪ねて、悲しい雰囲気になったら、何か悪いことをしただろうかと考えてしまう	
6	ある人に嫌なところを見つけたら罪悪感を覚える	
7	気分が悪そうな人の前で自分がいい気分だったら、罪悪感を覚える	

8	ある人の自己評価が、あなたが思っていたよりも 高かったら、見くびっていたことに罪悪感を覚える	
9	不満気な目で見られたら、どうしたら相手が もっと快い目で私のことを見てくれるか考え込んでしまう	
10	ある人の気分が悪そうな場合、罪悪感を覚え、 何か自分が間違ったことをしたか探ろうとする	
11	ある人が私のしたことに不満そうにしていたら、 罪悪感を覚え、自分の行動を変えようとする	
12	誰かの話に不満を抱いたとき、 そう思ったことに対して罪悪感を覚える	
13	本当のことでも、相手を傷つけるようなことを 言いたくなっている自分に罪悪感を覚える	
14	誰かと一緒にいるとき、私が何も相手に よい影響を及ぼせないと、悲しくて、罪悪感を覚える	
15	誰かと話をしていて興味のない話題になって、 きちんと話を聞こうと努力できないと、罪悪感を覚える	
16	相手が自分のことを評価してくれているのに、自分は 相手のことをそこまで評価していないと、罪悪感を覚える	
17	誕生日に招待されたことをうれしく思えないと、 罪悪感を覚える	
18	手作りのものを見せてもらったときに、 そんなによいと思わないと、罪悪感を覚える	

19	電話に出なかったとき、罪悪感を覚える
20	ある人の誕生日を忘れていると、罪悪感を覚える
21	相手が病気なのに、自分が元気いっぱいで 気分がよいと、罪悪感を覚える
22	私が言った言葉で、意図せず相手を傷つけてしまうと、 罪悪感を覚える
23	約束に15分以上遅れてしまうと、罪悪感を覚える
24	容姿など、本人の力ではどうしようもないことで、 相手にいらだちを覚えてしまうと、罪悪感を覚える

合計は0～96の
数字になるはずです。

合計

高い得点が意味するもの

数字が大きければ大きいほど、あなたは責任を抱え込み、すぐに罪悪感という重荷を背負ってしまう傾向があるということを意味します。

2つのグループ分け

このテストは2つにグループ分けできます。

グループ1

質問6、7、8、12、13、14、16、17、18、21、24
これらはあなたが不合理な罪悪感をどれぐらい覚えやすいかを測るものです。下に得点を書いて、すべて足してみてください。

6＝	7＝	8＝	12＝
13＝	14＝	16＝	17＝
18＝	21＝	24＝	

グループ1の合計は0～44になるはずです。

合計＿＿＿＿＿＿＿＿

グループ1のあなたの数字

グループ1の質問は全部、あなたにはどうしようもないこと、つまりあなたが影響力を持たないことを表します。また不合理な罪悪感や、過剰な責任などについての質問でもあります。

0以上だと、あなたが不合理な罪悪感を覚えているということです。

数字が大きければ大きいほど次の特徴が当てはまるでしょう。

- 他人から信頼される
- 周りの人皆の幸せを強く願っている
- 責任転嫁されやすい
- よい友人／パートナー／親になることを非常に重要だと考え、そのために完璧主義を貫こうとする
- それが適切かどうか判断することなく、厳しい批判を鵜呑みにする
- 限界点を定めるのが苦手
- いじめの標的になりやすい
- 罪悪感や自分は不十分だという感覚に苦しんでいる

この本に書かれた方法を用いれば、テストの数字は下がっていき、罪悪感に対する不満を表に出せるようになり、人生を生きやすくなるでしょう。

グループ 2

質問1、2、3、4、5、9、10、11、15、19、20、22、23
これらは、現実に即しているであろう罪悪感を測るものです。
下に得点を書いて、すべて足してみてください。

1＝	2＝	3＝	4＝
5＝	9＝	10＝	11＝
15＝	19＝	20＝	22＝
23＝			

グループ2の合計は
0〜52になるはずです。

合計＿＿＿＿＿＿＿＿

グループ2のあなたの数字

グループ2の質問は全部、あなたが大なり小なりその状況に影響力を持っている場合の罪悪感を調べるためのものです。そのため、ここでの数字は、あなたの現実的な罪と不合理な罪の両方を表します。

数字が大きければ大きいほど、人間関係で罪悪感を覚えやすく、以下の特徴が当てはまりやすいといえます。

- 約束を守り、よい友人であることを大切にしている
- 周りの人の機嫌が悪そうなら、その人を助けるために、
  できることはしてあげたいと思う
- ほかの人の痛みを引き受けられるかを考え、その痛みを
  一緒に癒やそうとする
- 何かミスを犯した場合に、自分で素早く間違いを指摘して、
  同じミスをしないようにする
- 軋轢が起こっても、解決する前に相手と面会も可能だし、
  向こうから会いたいと言われればいつでも話し合う
  心積もりもしている
- きちんとした人間でいることは重要だと思っている

D もしもあなたの数字が大きい場合、思い浮かべた相手やあなたの人間関係はどうなのか？

人間関係についてのテストであなたの数字が大きいのであれば、「その人はあなたにとって非常に重要な人物」だということです。

人はいちばん愛する人に、いちばん強い感情を抱くものです。怒りや罪悪感も同じです。

- **相手があなたの人生やあなたの置かれている状況に大きな影響力を持つ**

  雇用者や大家さんやパートナーなど。

●相手があなたに依存している

相手が重病なら、あなたの助けなくしてはやっていけません。するとあなたの責任はもちろん重くなります。

●相手に対してあなたはとても重要な存在

あなたは相手があなたのことを高く評価してくれていて、あなたが約束をキャンセルしたら、がっかりするなどといったことをわかっています。

●相手がまだ幼い子どもの場合

子どもが成人するまで、親は非常に大きな責任を負います。

●相手が責任を負いたがらない場合

相手が困難な状況にあるのに、その状況を変えるために責任を負おうとしなかったり、必要な助けを得ようとしていなかったりするのかもしれません。あなたにとって、その人が苦しんでいるさまを目の当たりにするのはつらいことです。

●相手が自分のことを実際よりよい人間ととらえている

相手が自分のことを罪のない犠牲者だとか、ほかの人よりも優れているとかとらえていたり、周りからそう見られていたりする場合、あなたはすぐに自分のことを未熟な人間と感じるでしょう。なかには自分の容姿を自慢したがったり、自分は完璧だと思っていたりする人もいます。そういう人を見ると、周りの人たちは自分のことを不十分だと感じやすくなります。

●相手があなたの手に負えない役割を負わせようとする

たとえばあなたの両親のうちのどちらかが、自分の役目に責任を持たず、あなたに大人の役割や責任を引き受けるように誘導してくる場合もあるでしょう。そういった誘導を相手はほとんど無意識で行っています。たとえば目線や表情、声のトーンであなたに責任を引き受けるよう訴えかけてくるのです。ほかに役割が混乱する例は、あなたのパートナーがあなたがその人の親であるかのように振る舞ってくるときに生じるものです。あなたにとって幸せな家庭の親の愛が無限であるのと同じように、あなたも無限の愛を与えなくてはならないようなプレッシャーを感じるでしょう。相手の期待に応えられないとあなたは激しい罪悪感にかられるでしょう。

テスト結果は鵜呑みにしないで

質問に答える際、あなたが誰を思い浮かべるかで、結果は違ってきます。たとえば子どものような非常に親しい関係の人を思い浮かべると、表面的な付き合いの相手を思い浮かべた場合よりも、数字は大きくなります。

さらにこのテストからあなたが誰か特定の人について深く知りたいのであれば、このテストでは十分な答えを得られないでしょう。このテストではフォローしきれないさまざまな側面が相手にはあるはずだからです。そして結果は、テストをした日のあなたの状況や気分によって変わってきます。

はじめに

あなたは自分自身のことを、誰よりも厳しく評価しているのではありませんか？

自己評価は、現実に即している場合もありますが、主観が入ることでさまざまな要素が絡み、過度に辛辣《しんらつ》になってしまうことも少なくないのです。

その厳しい自己評価の結果、あなたが罪悪感を覚えることがあるのならば、先にお伝えしておきましょう。

「罪悪感を覚えるのは、悪いことではありません」

なぜならそれは、あなたがあらゆることに対してポジティブな影響を及ぼそうと願う、責任感のある人間だという証拠なのですから。

誰もが同じ状況で同じように罪悪感を覚えるわけではありません。今の環境に問題があるのは自分のせいだとすぐに感じる人もいれば、問題を解決していくなかで責任を感じる人もいます。

この本では、主に私たちが他人と接するなかで抱く罪悪感について取り上げています。

雰囲気が悪かったり、幸福でなかったり、痛みを感じたりしたとき、すぐに自分のせいだと感じ、罪悪感を過剰に抱え込んでしまう人がいます。

一方で、ネガティブな出来事が起きても、自分のせいだとは感じない人もいます。

ほとんどの人は、通常、この両極端な状況の中間で生活をしています。

しかし、私たちを取り巻く環境はいつも同じというわけではありません。自分自身の人生をポジティブに生きられるときもあれば、批判や罪悪感を抱え込んでしまうときもあるのです。

私は長年、牧師として、罪悪感を一人で抱え込んでいる人たちの話に耳を傾けてきました。心理療法士になってからは、そういう人の心の闇を探るお手伝いをしてきました。

さらに私自身、事実と異なる、または過剰な罪悪感にかられていると気づいたとき、どうすれば心を解き放ち、無駄なエネルギーを割かずにすむか、実験してきました。

この本を読むことで、罪悪感から自らを解き放ち、自分自身にあたたかな目を向けるために必要なさまざまな方法を知ることができるでしょう。


この本には、主に次のようなことが書かれています。

- 人生のルールをどうしたら途中で変えられるのか
- どうすればほかの人が犯した過ちに対し、罪悪感を覚えずにすむのか
- どうすれば恐怖とうまく付き合い、神経がすり減るような葛藤から逃れられるのか
- 自分の犯した罪を認められるのは、実はあなたの強みであること
- 問題の当事者がほかにいる場合、その人とどうやって罪を分け合えるか
- どうしたら自分を責めすぎず、許すことができるのか

各章の終わりでは、罪悪感をどこまで持つのが適切で、どこからが過剰なのかを、適切に把握できるようになるためのエクササイズを提唱します。

冒頭のテストや巻末の対処法リストも、あなたの助けになることと思います。

罪悪感と自分自身と、人間関係の発見の旅を、どうかお楽しみください。

作家向け宿泊型執筆施設、ハルド・ホーエドゴーにて

イルセ・サン

SEE YOURSELF WITH FRIENDLY EYES
Copyright © Ilse Sand 2020

目次

第3章
本当に自分の落ち度か調べる

第4章
人生の地図やルールに焦点を当てる

第7章 退行に気づく

第8章

限界点を定める

第9章

自分の罪悪感を知る

第10章

罪滅ぼしをやめる

第11章

不合理な罪悪感を手放す

第12章

心の奥深くまで解き放たれる

第13章

自分への幻想を手放す

プロローグ：これ以上、苦しまないで

ヴァルデマールは、どんなに邪魔をされたくないときでも、母親からの電話には必ず出ます。そうしないと、後でいやな気分になってしまうからです。

トーエの職場では、休憩室にある果物はいくらでも食べていいことになっています。トーエは全部もらいたいぐらいバナナが大好きですが、皆に悪いという気持ちから1本しか食べることができません。

リッケは運動が好きじゃないのに、週に2～3回、軽いジョギングをします。そうしないと、健康を維持するという自身の目標に反することをしてしまったと、罪悪感を覚えるからです。

私たちの行動は、自責の念と自己嫌悪と罪悪感に支配されています。

自分がしたいことをただするだけでなく、ほかの人に配慮したり、譲ったり、目標を守

ろうとしたりするのです。

私も長い間、ちょっとしたことですぐに罪悪感を覚えてきました。子どものときの話ですが、こんなことがありました。

ある日、私はヒキガエルを2匹つかまえました。桶に砂と水を入れ、お家を作ってやったのです。けれどもその後、私はそのカエルのことをすっかり忘れてしまいました。思い出したときには、もう手遅れでした。幼い私にも、自分のせいでカエルが死んだのがわかりました。悲しさと恥ずかしさのあまり、そのことはずっと内緒にしていました。

子どものころからすぐに責任を抱え込んでしまうところがあった私の性格は、大人になった今でも変わりません。

一方で、ひどく無責任な態度をとってしまうこともあります。家事やボランティア活動といった本来の仕事以外のことでは、ほかの人が手を挙げるまで、透明人間みたいに、気配を消してみせることもあるのです。

ただ、両親など、本当に近しい人に対しては、どんな雑務もすべて引き受けます。そのため、責任感や重圧で、知らず知らずのうちに苦しんでいました。

たとえば、入院中の母を見舞った日のことです。母は少し離れたところに入院しているため、私は苦手な運転をして病院を訪れました。車の運転は毎回大仕事であったため、無事、病院にたどり着けたのは鏡に映る自分に笑いかけるほどに誇らしいことでした。

2時間後、鏡のなかの自分と再び対面した私は、びっくりして後ずさりしました。まるで、重い「うつ」にでもかかったかのようなひどい顔色をしていたからです。罪悪感という重苦しい感情が、私の思考に靄《もや》をかけていました。

たった2時間の間に何が起きたのでしょう。

当時の私は、母と一緒にいることで、どうして自分が疲弊してしまうのか、いまいちよくわかっていませんでした。

母から、隣のベッドにいる女性の息子さんは、遠方に住んでいるのに、1日おきにお見舞いに来てくれるという話をされることにうんざりするから？　それとも、親子の絆が希薄だったせいなのでしょうか？

子ども時代からずっと、母親との関係性において、私の心を主に支配していたのは、「罪悪感」でした。

それが不合理なものだということははっきりわかっていました。それでも私は何十年もの間、罪悪感が、ほかの感情を押しのけ、私の心で陣取るのを許してしまっていました。

罪悪感から解放されるには、「自責の念と罪悪感のメカニズムを知り、責任の境界線がどこにあるのかを明確にする」という方法があります。

また、「罪悪感がほかの感情を覆い隠すことがあるということを知る」のも重要です。

湧き上がる無力感や悲しみに耐えられる心の余裕ができてはじめて、人は罪悪感から解き放たれます。怒りや無力感、喜びといった、ごくありふれた感情を持つ、ごくごくふつうの人間でいる権利が自分にもあるのだと再認識することで、私は完全に解放されたのです。

牧師や心理療法士の仕事を通して知った事例や、私生活での体験を示すことで、あなたを過剰な罪悪感から解放するお手伝いができるよう願っています。

この本を読み、出てくるエクササイズなどに取り組むことで、あなたはよりあたたかな目で自身を見つめ、ありのままの自分を受け止められるようになるでしょう。本来の自分と向き合えたとき、あなたは肩の力の抜けた人間関係を築けるようになるのです。

第1章

自責の念と罪悪感

罪悪感とは何か？

部屋がきれいに片づいていて清潔であるといったポジティブな事柄と、蛇口を絞め忘れて水があふれてしまったといったネガティブな事柄——私たちは両方を引き起こすことがあります。

そして、罪悪感は、自分のせいで何かネガティブな出来事が起こったときに生まれます。

たとえば、友人がとても楽しみにしていた約束をキャンセルするときや、ジムに行くはずが面倒くさくなってソファーで寝転がって過ごしたとき。また、自分自身や周りの人を裏切ったり、自分やほかの人のポリシーに反することをしたときにも罪悪感は生まれます。

ほかにも、あなたがやって当然と思っていたり、思われていたことをやらずにすんだときにも、罪悪感は生じるものです。

自責の念と罪悪感は、ほぼ同じものです。ですから私は、この本のなかで2つの言葉をランダムに用います。

罪悪感はよい方向にも悪い方向にもあなたを導きます。

罪悪感は、次に何かよいことをやろうとするとき、道標《みちしるべ》になることがある一方で、妥協するようにストップをかけることもあります。

罪悪感の強さは、あなたが悪いことをしたかよりも、むしろ、あなたの人となりを表します。

罪悪感を持たずに悪いことをする人がいる一方で、自分にまったく落ち度がないにもかかわらず罪悪感を覚える人がいます。

ときにあなたは、自分自身についてよりも、相手のことや、相手との関係性を考えるとき、より強い罪悪感を覚えることでしょう。

同じ罪悪感でも、その原因が自分の行動か、相手の行動かによって、その重さはまったく違います。罪悪感を覚えずにすむように、自分よりも相手を尊重するという対処をとる人もいます。

1つ、例をご紹介しましょう。

私は、土曜は何も約束を入れず、穏やかに過ごそうと決めていても、友人から「あなたと一緒にいたい」と言われると、断れません。断ったら、きっと相手は悲しむでしょう。すると私は自分が悪いのだと感じてしまうのです。

カリーナ、28歳

カリーナは、「友人の誘いに応じる」という選択をすることで、罪悪感を最も覚えずにすむようにしました。

なかには、何の苦もなく誘いを断れる人もいるでしょう。たとえば、自分で決めた約束のほうが友人との約束よりも逼迫《ひっぱく》しているとか、自分が決めた約束を破ったほうがむしろ強い罪悪感を覚えるからといった理由で――。けれども、カリーナは違いました。

その罪悪感は合理的か、不合理か？

あなたが罪悪感を覚えたのが、あなたが何かをしてしまった、またはしなかったことが理由であるなら、それは現実に即しているものでしょう。

もし、あなたが列に割り込んでしまったとすれば、罪悪感を覚えることであなたは振り返ってあやまるという行動に駆り立てられます。このように罪悪感は物事を解決に向かわせる役割も果たしています。

また、あなたがダイエット中に生クリームたっぷりのケーキを食べたり、計画通り運動しなかったり、あなた自身の決断や価値に従えないとき、あなたは罪悪感を覚えることで、正しい方向に導かれることでしょう。

しかしながら、あなたが、自分にはどうしようもない不幸な出来事の背景や原因を知らずに、自責の念を抱くのなら、それは不合理な罪悪感といえます。

合理的な罪悪感→その強さは、あなたの影響力や被害の大きさに比例する
不合理な罪悪感→その強さは、状況の割には過剰である

この2つの罪悪感を区別しましょう。これは大事なことです。なぜなら、この2つは別々の方法で対処されるべきだからです。

不合理な罪悪感に対処する具体的な方法は、第11章で紹介しています。そして、本当にきちんと対処しなければならないのは、この不合理な罪悪感です。

ただ、その前に、合理的な罪悪感について述べておきましょう。
実際の状況に即した合理的な罪悪感は必要です。
もしもあなたが自分の罪をなかなか認識できず、適切な罪悪感を覚えることができないと、思慮に欠いた戦略をとってしまい、他者との関係性に亀裂が生じる危険性があります。

罪悪感を避けるためにとりがちな戦略

自分を含むすべての人を喜ばせることができるなら、あなたは罪悪感を覚えずにすむでしょう。しかし残念ながら、そういうことはめったにありません。私たちは何かを優先したり、選択したりしなくてはならない場面に、しばしば直面します。同じ日に2つのパーティーに招待された場合、片方を断って、相手をがっかりさせてしまうのはやむをえません。今度の週末は庭仕事をしようと決めたら、部屋の掃除は後回しになってしまうし、友達からの誘いを受けることもできません。そんなとき、あなたは罪悪感を覚えるかもしれません。

ここで問われるのは、自分の罪悪感にどう対処するかです。これからあなたに2つの戦略をご紹介します。

ヒキガエルの戦略：ヒキガエルは危険に直面すると、茂みに頭を隠します。ここから名付けたのですが、一部の人々は、自分の選択によりネガティブな結果がもたらされたと認めようとしません。ヒキガエルの戦略をとる人は、自分がそうせざるをえなかった理由を説明したり、ほかの誰かのためにしたのだと言い訳しようとします。

アリの戦略：加害者になりたくないあまり、周りの人皆を喜ばせたり、満足させたりするために、できることは何でもする人がいます。働き者の小さなアリのようなので、アリの戦略と名付けました。この戦略をとる人は、周りを失望させてしまいそうなとき、何とか喜んでもらおうと自分を犠牲にして懸命に協力し、できる限り、罪滅ぼしをしようとします。

実はどちらの戦略も、人間関係の維持を困難にします。

ヒキガエルの戦略を用いると、どうしてもギクシャクしてしまいます。今起きていることの責任は自分にもあるとあなたが思わないのであれば、周りの人と互いに助け合い、よい関係を築くのは容易なことではありません。

アリの戦略を用いると、すぐに疲弊して、行きすぎた期待や要望を寄せてくる相手をどんどん嫌いになっていくでしょう。あなたのストレスや絶望が増す危険も大いにありま す。ほかの人の期待に応える奴隷になることで、相手から見くびられてしまうのです。

罪悪感を構成するもの

まずは、「基本感情」と「複合感情」を区別しましょう。

基本感情は、あらゆる文化のあらゆる集団、あらゆる高等な動物に備わったものです。複合感情は基本感情が複雑に合わさったものと説明できます。

どの感情を基本感情と見なすかは見解が分かれるところですが、次の4つについては、心理療法士たちの意見は一致しています。

- 怒り
- 恐怖／不安
- 悲しみ
- 喜び

私たちが感じるほとんどの感情は、この4つの基本感情が組み合わさってできています。失望は悲しみと怒りが混じったものであり、緊張感は不安と喜びが合わさったものです。4つの基本感情はすべて、罪悪感に属します。怒りは通常、内側に向かうものです。

- 怒り：自分自身を責める
- 恐怖／不安：ほかの人や自分自身の怒りや判断に、恐怖を覚える。または、どこかで歯車が狂うのを恐れてしまう
- 悲しみ：自分たちが違った扱いを受けるように、また別の状況であるように願う
- 喜び：攻撃がほかの人に向かったことで、感謝したり、穏やかな気持ちになる

これらの基本感情から成る罪悪感について、2つ例を紹介します。

私はストレスを感じていたときに、不注意で事故を起こし、相手の車をへこませてしまいました。

罪悪感でいっぱいになった私は、十分に気をつけていなかった自分を責めました。恋人や運転手に怒られるのを恐れてもいました。ほかにも、お金を失うことや、自分が思っていたほど完璧なドライバーではないことを悲しんでいました。それでも私は自分の車が相手の車のようにへこまずにすんだことを、ちょっぴりうれしく思いました。

ヤーネ、25歳

ある日、私は掃除をしようと決めていたのに、一日中、ゲームをしてしまいました。

その夜、私は罪悪感でいっぱいでした。自制できなかった自分に怒りを覚えました。私の部屋は散らかっていて汚かったので、ほかの人からどんなふうに思われるだろうかという恐怖が湧き上がってきました。

ちらかっていることだけでなく、規律正しい人間だという自分自身についてのイメージにふさわしい行動ができなかったことも悲しんでいました。

ウッラ、38歳

悲しむこと自体が問題を引き起こすことはめったにありません。これはほかの人や自分自身に対する慈悲の念を呼び起こす健全な反応です。

その一方で、内向きの怒りはあなたのエネルギーを消費させます。そしてあなた自身やほかの人への評価や怒りは、自己抑圧を促すのです。

エクササイズ

罪悪感を覚えたときの状況と感情を知る

あなたはどんなときに罪悪感を覚えたことがありますか？　その状況を思い出してみましょう。そしてさまざまな基本感情のうち、どの感情がどれぐらいその罪悪感に関係していたか、考えてみてください。

それぞれの感情の割合を具体的な
数字で表すとどうなりますか？
書き出してみましょう。

どんなとき？

・怒り　％　・悲しみ　％
・恐怖　％　・喜び　％

まとめ

自責の念と罪悪感

罪悪感は現実に即していることもあれば、そうじゃないこともあります。この本では、前者を「合理的な罪悪感」、後者を「不合理な罪悪感」と呼びます。

何かネガティブな出来事の罪をかぶることを拒む人や、完璧であろうとするあまりに罪悪感を持たないようにする人もいます。
罪悪感に対して、私たちは「ヒキガエルの戦略」と「アリの戦略」の2つのうちのどちらかの戦略をとります。しかしこれらはよい方法ではありません。どちらも人間関係の維持を困難にしてしまいます。これからあなたを救う対処法を紹介していきます。

罪悪感は怒りや恐怖／不安、悲しみと、ときにほんの少しの喜びという4つの基本感情でできています。

第2章

内側に向かう怒りに隠されたメッセージとは？

自己批判は必ずしも悪ではない

自己批判や自己嫌悪などの形で向けられる怒りは、頭痛やうつ、そのほかさまざまなトラブルの原因になります。

しかし一方で、それらはプラスの方向に働くこともあります。ネガティブな結果を詳しく見ていく前に、まずはプラスの面を詳しく見ていきましょう。

自分で自分を叱ることで、ほかの人から叱られるのを避けられることがあります。

もしもあなたがほかの人に迷惑をかけてしまうようなミスをしてしまったときに、罪の意識に苛《さいな》まれているのが周りから見ても明らかであれば、そのことを軽く受け止めて涼しい顔をしている場合よりは、怒りを買いづらくなるでしょう。

内側に向かう怒りはさらに、自分にとってよいことをしようとあなたを駆り立てることもあります。ダイエット中に生クリームたっぷりのケーキを買ってしまったとき、あなたの自己嫌悪はダイエットを断念するのではなくて、そのケーキを冷凍庫にしまっておくように促すはずです。

さらに広い観点から見ても、自己批判は変化をもたらすきっかけになります。

うまくいかない時期が長く続くと、心の声がこう叫び出します。「じゃあ、いつもと違うことをすればいい。今の戦略じゃ通用しないんだから！」心の声は、ときにコンフォート・ゾーンからあえて飛び出し、ふだんはしないようなことをするよう促します。たとえば、一人旅に出るとか、専門家に電話して、助けを求めるとか。

ウッフェ、48歳

自己批判は、もはやあなたにとって最善ではないことをやめて、代わりに新しい何かを探すよう、あなたを駆り立てます。

たとえば母親の誕生日を忘れてしまった場合、怒りはひょっとしたらあなたにこう語りかけるかもしれません。

「もっとうまくできたはずなのに」

あなたは自分の怒りに耳を傾け、あなたがしたいことをするという選択をとることができます。もしかしたらあなたは、自分で事態を収束させたいのではありませんか？

自分をよい方向に導く

自分が何かネガティブな事柄の原因になっていると気づいたときに、あやまったり、実際に事態を収束させたりすることで、比較的、すんなりと問題解決に至ることもあります。先ほどの母親の誕生日を忘れてしまった例の場合は、別の日に遊びに行くと伝えたり、花束を贈ったりすることができるでしょう。あなたが、自分がしたこと、あるいはしなかったことを心から悲しんでいるのなら、後悔していると伝えるだけで十分です。それだけで、相手や自分自身に、「もういいや」とか「もう忘れよう」と思わせることができるのです。

あやまるのに、期限はありません。遅すぎることはないのです。
しかし、ときにはそう簡単にいかないこともあります。

私には長年仲良くしてきたイダという友人がいました。でもある日、解決できない問題が起こってしまったのです。雰囲気がたちまち悪くなり、会うのをやめようという話になりました。

イダはそのとき、とてもやさしい別れのメールをくれました。そのなかで彼女は、これまで一緒に体験して、うれしかったことを挙げ、感謝を示してくれました。私はそのとき、激しい不安と怒りを感じ、返信できませんでした。

後に時折振り返って、そのメールは、本当はやさしさと愛情に満ちたものだったのだと気づきました。そうして私はそのメールを消してしまったことに罪悪感を覚えました。

ハンネ、55歳

実際のところ、ハンネにとって、困難から抜け出すのは、それほど難しいことではなかったでしょう。そして実際、彼女は満足感を多く得られたはずなのです。

たとえば彼女は、次のように手紙を書くことができたのではないでしょうか。

イダへ

ずいぶんご無沙汰してしまっているけれど、私のことをきっと覚えていてくれていることでしょう。2004年に喧嘩したとき、あなたは愛情と思いやりに満ちた別れの手紙を私にくれましたね。

何年もたって、ようやく私はそのことについて冷静に考えられる心境に至りました。

イダ、あなたはなんて思慮深い人なんでしょう。メールをどうもありがとう。

私はあなたと知り合えたことをうれしく思っていますし、一緒に過ごした楽しい時間を今でも大事に思っています。どうかお元気で。

ハンネより

傷が癒えないとき

心の整理をつけるのが難しい場合もあります。

私は母子家庭でひとりっ子だったために、人一倍、母との関係性が密接です。

老人ホームで暮らす母が病床に臥したとき、確実に看取れるように今すぐ来てくれと言われました。

しかし、主催者として参加している会議の真っ最中だった私は、まだ大丈夫だと高をくくってしまったのです。あと24時間は生きられるだろう。少なくとも、私の会議での役目が終わるまでは、と……。

たくさんの苦難を乗り越えてきた無敵の母が死ぬなんて想像がつかなかったのです。

ところが、老人ホームにようやく行けたときには、時すでに遅しでした。

私はその後しばらく、罪悪感に苛まれ、苦しみました。

マッズ、58歳

この場合、心の傷を癒やすのはそう簡単ではないでしょう。思い出さないようにすることが、心の慰めになるかもしれません。しかし、無意識の抑圧には、高い代償が伴います。私たちは自分自身の感情や意欲の低下と向き合うのを怠りがちです。

このようなとき、痛みを味わってでも、体験の心的影響について熟慮することが大切です。体験に意識を向ければ向けるほど、もたらされる感情に早く慣れることができます。慣れることで、だんだんと、それらの感情に耐えられるようになるのです。

私たちはさまざまな方法で喪失と向き合うことができます。死者に手紙を書いて、癒えなかった心の傷について綴ることもできます。可能であれば、その体験についてさまざまな人に話すようにしてもよいでしょう。専門家の助けを借りるのも1つの方法です。

痛みには、成長のチャンスが隠されています。

マッズはずっと冷徹な人間と見なされてきました。しかし、母親を裏切った経験から、他人に対する見方がやさしくなりました。彼の冷徹さが、母親を不安にさせてきました。母親が、どこかから彼の人生を見守っていたとして、彼が彼女の死の悲しみを、彼の柔和な一面を育むのに生かしてほしいと思っていると考えることで、今のマッズの心は癒やされることでしょう。

自分自身にかけている言葉を意識する

私たちは自己の内面に、どのような思考や答えが渦巻いているのか、意識していません。セラピーのクライアントの情報を調べてみたところ、そのうちの多くが、驚いたことに自身に次のような言葉をかけていました。

「このバカ」「またやめちゃくちゃにした！」「どうしてちゃんと知ろうとしなかったの」

こうした言葉は、自分に対する愛情が欠けている証拠です。

もしもあなたが自己嫌悪について知りたければ、テンションが下がるときや、恐怖が増すとき、特に自分の意識に注意を向けるとよいでしょう。

そして、こう自分に尋ねてみましょう。

「私は何を考えているのだろう？」

「気分の浮き沈みを感じた瞬間、私は自分自身に何て言うのだろう？」

特に「～ならよかったのに」「もっと～ならよかったのに」という言葉をかけていないか注意してみましょう。たとえば「もっと別のやり方をするべきだった。もっと陽気だったらよかったのに」「もっとお客さんを歓迎するべきだった。もっと親切にできたらよかったのに」など、別の自分であるように自身に求めてはいないでしょうか。

あなたは「～だったらよかったのに」という言葉を嫌悪を表すために使っているのです。

この「～だったらよかったのに」という言葉を外側に向けると、「あなたは～だったらよかったのに」になります。そして内側に向けると、「私は～だったらよかったのに」になります。

もしもあなたが、自分自身と向き合ってこなかったのなら、自分が子どもだったときにあなたの親があなたに話しかけていたのとまったく同じ様子、声のトーンで自分自身に話しかけているに違いありません。

あなたの親が愛情に満ちた話し方をしていたなら、あなたは自分に愛情に満ちた言葉をかけることでしょう。親が批判的だったなら、あなたはあなた自身を批判しやすくなります。

自分自身を攻撃しているのに気づいたなら、それは重要な発見です。

気づいて、はじめてあなたはそれを変えることができるのです。

まずあなたは、あなたの自己批判が建設的なものかどうかを知る必要があります。そして、自己批判によってただただ、気がふさぐばかりならば、これからは自分自身にやさしい言葉をかけてあげましょう。

エクササイズ

自分をあたたかな目で見つめる練習をする

自分では、どうにもできないことについて、自分自身を批判する悪しき習慣があることに気づいたら、その習慣を断ち切るため、新しい習慣を取り入れるようにしましょう。

習慣を変えるには、長期間にわたる忍耐が必要です。

自分自身にやさしさを向ける練習をするよい方法は、次の通りです。

①この練習のための特別なノートを用意する
②1日に最低1回は、自分がしたよいこと、建設的なこと、喜びや満足感を覚えたりしたことを、3つノートに書く

この上なく愛情深い親が、我が子を見つめるかのように、自分自身を見つめてみましょう。あなたのしたよいことが望んだ結果につながらなかったとしても、自分自身を肯定的にとらえられるようになるでしょう。

あなたが新しい習慣を生活に組み込みたいのであれば、最低でも3〜4カ月は、この練習を続ける必要があります。新たな習慣に脳が慣れるのには、長い時間がかかるからです。


あなたの自己批判に注目しましょう。気持ちの落ち込みを感じたら、自分自身に次のように尋ねることで、自己嫌悪について知ることができます。

「今この瞬間、私の頭によぎっているのは何だろう？」

その自己批判をノートに書き留めましょう。

そのメッセージが、いつもとは別のことをするべきというものだったり、ほかの人にとってよいことであれば、それに従ってみるとよいでしょう。

あなたが自身をただ批判しているだけとわかれば、より建設的な習慣を身につけるようにするとよいでしょう。

まとめ

内側に向かう怒りに隠されたメッセージとは？

あなたが自分自身に向けた怒りには、ポジティブな面とネガティブな面の両方があります。

ポジティブな面とは、たとえば、内側に向かう怒りによって、重要なことをはじめるきっかけがつかめるところです。ネガティブな面とは、ストレスやうつが引き起こされるところです。


過度な自己批判によって、活力や快活さが失われることもあるでしょう。

あなたの自己批判が建設的なものでないことに気づいたら、もっと自分にやさしい言葉をかけてあげましょう。

第3章

本当に自分の落ち度か調べる

罪悪感を共有する

影響の有無は罪悪感と切っても切り離せません。ある状況にあなたが影響力を持たないのであれば、物事がよからぬ方向に運んだとしても、あなたにはどうしようもありません。たとえばあなたの母親が、つらい子ども時代を送ってきたことで問題を抱えていたとしても、あなたの責任ではありません。あなたが働いている会社があなたが雇用される以前の収益減少により経営難に陥っているとしても、あなたの責任ではありません。嵐で船が欠航になったとしても、あなたは何の影響力も持たないのですから、あなたに責任はありません。

影響力を持たない人に責任を問うても、意味はありません。裁判の世界でもそのようなことは行われないはずです。

罪悪感について考えるとき、次のように自分に問いかけてみましょう。

「私はどの程度、影響力を持つだろう？」

もしもあなたがキッチンがちらかっていることに罪悪感を覚えるのであれば、そこで問うべきなのは、そのときちらかったキッチンを片づけられる余地があなた自身にあったのかどうかということです。もしも答えがイエスなら、あなたの罪悪感は適切といえるでしょう。しかしヘレーネは違いました。

1年前、私はストレスで休職することになりました。病気で休職していたのは、私だけではありませんでした。私は子どもを預かる約束をしていた友人や、PTAにも連絡をして断らなくてはなりませんでした。友人は悲しみ、学校の先生からは、とても重要な会議なのですよという返事が書面で届きました。

私は罪悪感を覚え、自分を役立たずだと感じました。

これらの状況にどれぐらいの影響力を持っているかという問いにこう答えられたら、ほっとするかもしれません。

「好きで病気になったわけじゃない」

周りの人からがっかりされたとしても、「自分は悪くない」と心のなかでつぶやくことで心が慰められるのです。

ヘレーネ、42歳

ある状況に対して、あなたがどの程度影響力を持つかという質問のほかにも、重要な問いがあります。

「影響力を持つのは、私だけなのだろうか?」

たとえば家族の誕生日に皆で集まったのに、なぜか雰囲気が悪い——そんなとき、雰囲気を悪くしているのが誰か一人であることは稀です。その場にいる全員が、リビングの雰囲気に影響を及ぼしうるのです。

「すべて私の責任です」というのではなくて、「責任はほかの人にもある」に思考を切り替えることで、心がぐっと軽くなるはずです。

ソフィーのケース

ソフィーの娘、リーネは読み書きをなかなか覚えられません。

ソフィーはそれを、自分が勉強をちゃんと見てあげなかったせいだと考えていました。また、リーネがエネルギーに満ちあふれ、快活で、宿題をやる意欲を持てるような環境を整えられなかったせいだとも考えていたのです。娘を助けるのに本来費やすべきエネルギーを、ソフィーは自己批判に使い果たしてしまっていました。

ソフィーは心理療法士と話をして、リーネが読み書きが苦手なのは自分のせいではなく、さまざまな要素が影響しているのだと理解しました。

ソフィーの夫は、娘の宿題に口を出すことはありませんでしたし、ソフィー自身も、仕事を終えると疲れてしまって、リーネの宿題をなかなか手伝うことができませんでした。ソフィーの両親は生活に追われ、孫の世話をする余裕はあまりなく、学校の先生も家庭学習のアフターフォローまではしてくれませんでした。

また、夫も子どものころ、読み書きを覚えるのに苦労していたことから、リーネの難読は父親からの遺伝の可能性もあったのです。

リーネの難読原因と考えられるファクター

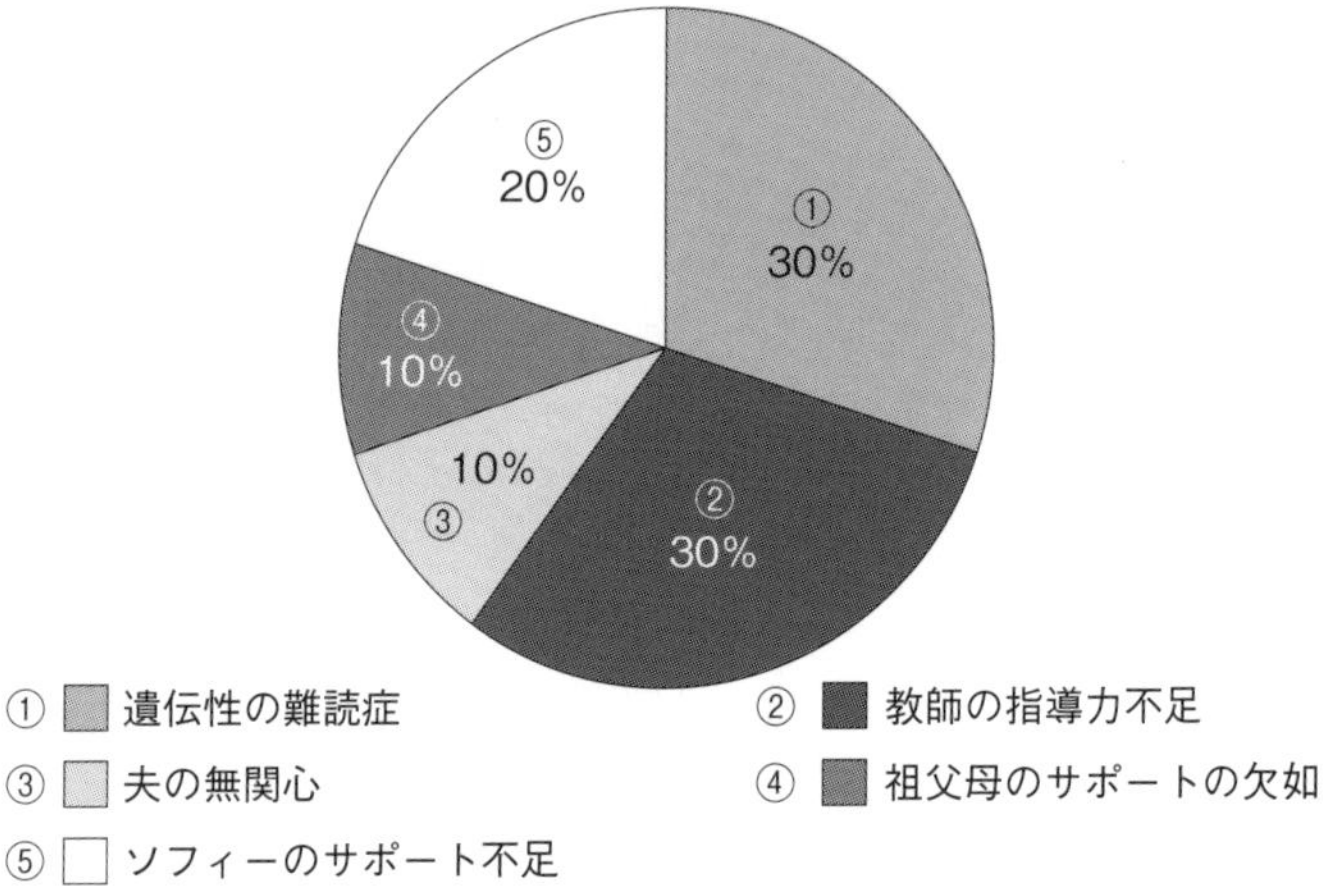

ソフィーがそれぞれのファクターの重要性をパーセンテージで表してみたところ、上のようになりました。

このようにグラフ化することで、全部が全部自分の責任ではないことがはっきりわかりました。それでも彼女は責任の20%は自分にあると考えました。

20%というのも、彼女自身、納得のいく値でした。これがもしも0%だったら、ソフィーはリーネの読み書きに何の影響力も持たないことになりますが、彼女はそこまで無力な存在になりたくはなかったのです。

グラフ化することで、彼女は内側に向かっていた怒りを軽減させ、代わりに罪悪感の一部をほかの人に向けることができました。

その後ソフィーは夫に、リーネが読み書きを覚えられるよう父親も支えることが大事だと話しました。また両親には、祖父母からの支援も大事だと話しました。そうすることで、自分一人でこの問題を抱え込まなくてよいと思えるようになったのです。また、ソフィーは学校にも連絡して、リーネを補習クラスに参加させてくれるように頼みました。

そうしたおかげで、ソフィーには、自分の責任だと思った20%に対処する余力ができたのです。

さらに、ひどく疲れた日には、リーネを学童に迎えに行くのを1時間遅らせようとも決めました。1時間休むだけで、リーネの相手をしたり、宿題を見てやるだけの余力を残すことができるからです。

ほかの人と責任を分けられたことで、ソフィーは重荷を下ろすことができました。そればかりか、ほかの責任のある人に、リーネのプラスになるような行動をとるチャンスを与えてあげることもできたのです。

他人と罪悪感を共有することの恩恵

これといった理由はないのに、簡単に疲れてしまうのであれば、それはあなたが過剰な罪悪感を抱いているからです。自己批判と自己責任で、疲弊してしまっているのかもしれません。

もしもあなたの責任が限定的なものだと考えることに抵抗があるのなら、悪循環に陥ってしまっています。

マーチンのケース

マーチンは同僚や恋人と比べて、疲れやすいようでした。自分の力が及ばないと常に感じ、自分をふがいなく思っていました。

マーチンは自身の疲労感の原因となっている人のリストを作りました。

- 雇用者
- 恋人
- 医師
- 同僚と友人

あなたがあまりに多くの批判を内側に向けすぎるのなら、批判をより外側に向けられるか、試してみることができるでしょう。

マーチンがしたのと同じ質問を自分自身にして、リストを作ってみましょう。

「あなたの疲労感の原因となっているのは誰ですか？」

あなたがリストに挙げた人は、責任の一部を担ってくれる人です。

共同責任者のリストを作ったら、それぞれの人に手紙を書いてみましょう。手紙はあなた自身のためだけに書くもので、実際に出すわけではありません。手紙のなかで相手に、問題の罪と責任の一部を渡しましょう。状況をよくするために相手が何をできるか、提案してみましょう。

マーチンは次のような手紙を書きました。

ボスへ

仕事終わりに僕がどれだけ疲れているか、見て気づきませんか？

僕がキャパシティー・オーバーだとは考えないのですか？

僕への評価が妥当か、考えないのですか？

部下である僕の力をもっと引き出すために何ができるか、考えたことはないのですか？

考えたことがないなら、これからは考えていただきたいのです。

マーチンより

カミッラへ

僕がいつも疲れているのに気づいたかい？

僕がもっと元気が出るように、君に何かできることはないか、考えたことはある？　僕にはもっと愛とぬくもりとセックスが必要なんだ。ふだんから愛し合うようになれば、僕は一気に生気を取り戻すと確信しているよ。でも君はいやなんだよね。

君はほかにできることはないか、考えたことはないの？

たとえば僕が何かできないときに、いらいらするのをやめるとか。

君にも考えがあるのかもしれないよね。

僕の疲労を和らげるために、君に何ができるのか、もう少し考えてくれてもいいんじゃないかな。

マーチンより

お医者様へ

私はあなたに何度も疲労感があると伝えました。でもあなたは血液を少し採って「何も異常はありません」とおっしゃいましたね。

私は十分な対応だと思いませんでした。私はもっと詳しく調べて、何が問題なのか突き止めて、治療法を見つけてほしいのです。

マーチンより

お父さん、お母さんへ

どうしたら幸せな人生を送れるか、教えてほしかったよ。

マーチンより

ハンスへ

数時間、一緒にいたとき、僕が疲れているのに気づかなかったの？
「なんで疲れているの？」って、どうして聞いてくれなかったんだい？
「何か悲しいことでもあったの？」とか。
自分のことばかりべらべら話して、さぞかしすっきりしただろうね。でも僕だって話を聞いてもらいたかったんだ。気づかなかったかい？　僕は前からずっとそう思ってきたよ、ハンス。僕の話も、もう少ししたかったよ。

マーチンより

外側に怒りを向けるのに大いにエネルギーを消費したマーチンは、手紙を書きながら、自分の罪悪感が軽減されたことに気がつきました。そこで彼は、周りの人と自身の疲労感についてこれからはもっと話をしようと決めました。

怒りを外側に向ける

あなたが怒りを内側に向け、罪悪感を抱えこんでしまう傾向があるのなら、怒りを外側に向けるようにしましょう。

送らない手紙を書くか、空想に留めましょう。そうすることで、怒りをすべて外側に向けたらどうなるのか、実験することができるでしょう。

ほかの人の罪を抱えこんでしまうのは、誰にとっても荷が重すぎることなのです。あなたに罪をかぶせてきた人が、恩恵を受けているのを見て、うれしくないのは当然のことです。

エクササイズ

責任を共有する

悲しんだり、罪悪感を抱いたりしたときのことを思い出してみましょう。
あなた以外で、その状況に影響力を持つのは誰ですか?
リストを作りましょう。
それぞれの責任をパーセンテージで表し、グラフにしましょう。

影響力を持つ人

・ %

・ %

・ %

・ %

各人に手紙を書いて、その人が何をしてくれたら、また何をしなかったら、状況が改善されていたのかを書きましょう。手紙は相手に出すわけではありません。あなた自身のためだけに書きます。そうすることで、あなたは自分の罪悪感の一部を他人に預けるのがどういう感覚か知ることができるのです。

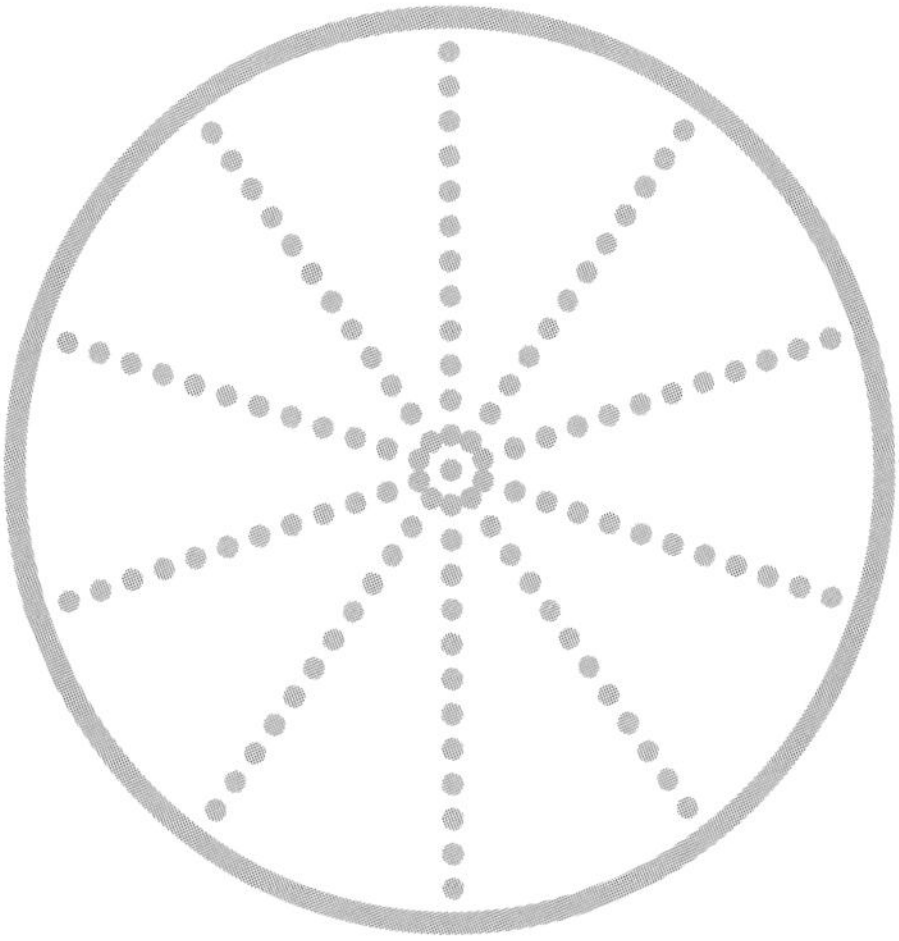

まとめ

本当に自分の落ち度か調べる

ある状況に対して権力を持つ人は、何か問題が生じたときに責任を負います。
あなたが影響力を持たないのであれば、あなたに罪はありません。

あなただけの責任ということは、滅多にありません。ほとんどの場合、あなたは責任の一端を担うだけです。

自分自身が100％悪いわけではないことを知り、その状況に影響力を持ったほかの複数の人や要素に罪を振り分けられると気づくだけで、心が軽くなることでしょう。

第4章

人生の地図やルールに焦点を当てる

周りは変えられなくても、自分は変えられる

同じ状況に直面している二人の人物が、まったく異なる体験をすることがあります。あなたが人生のチャンスにどう対処するかは、あなたが世間と自分自身をどうとらえるか、そしてあなたがどんなルールに従っているのかによって変わってきます。

周囲の人や環境を常に変えられるわけではありませんが、あなたはいつもと違う方法で対処することもできるでしょう。自分自身やあなたの人生に自分が課す期待や要求を変えることもできるはずです。

厳しいルール、いきすぎた期待、罪悪感の元となっている希望を手放せば、心が軽くなり、喜びが訪れることでしょう。

ニコライのケース

ニコライは国からの奨学金で教育を受けたいと思っていましたが、申請が通りませんで

した。

もしも彼が「役所の人は僕のことなどどうでもいいんだ」と思えば、悲しい気持ちになったでしょう。「僕がもっときちんと準備をして申請するべきだった」と思えば、自分自身に怒りを覚えたことでしょう。

しかし、「僕だったら奨学金をもらわずとも自分で払えると判断されたのかもしれない」と思えば、ニコライの背筋はぴんと伸び、彼はほかの可能性を探りはじめるでしょう。

あなたの個人的な人生の地図

私たちは皆、自分に何が期待できるか、どうしたらよい人生を送れるかを示す人生の地図に従い、生きています。

その人生の地図について、あなたはどれだけ深く考えていますか？　両親の敷いたレールを走っているだけかもしれません。その場合、批判的な目で見つめ直してみるとよいでしょう。

あなたはどのような人生の地図を見据えていますか？

あなたの人生には、どんな困難やチャンスが待ち受けていると思いますか？


期待が大きすぎれば、罪悪感が生まれやすいでしょう。

あなたが基本、幸せな人生を送っていたのに、不意に不幸に見舞われたなら、原因を探ろうとするでしょう。そして、自分以外の誰かのせいだと考えて、相手に怒りを向けるか、自分のせいだと考えて罪悪感を覚えるのです。


生まれたときに人生の地図が用意されていたら、と想像してみましょう。


人生には耐えがたい苦難も待ち受けていますが、それでもあなたはどうにかして乗り越えなくてはなりません。それは決まっていることなのです。

裏切りや屈辱や不幸を味わうこともあるでしょう。自分の思いに反することをせざるをえないこともあるかもしれません。

人生の後半には、肉体的な美の衰えを感じるはずです。

最終的に、すべて失うかもしれません。

しかしときにあなたは、愛や幸福に恵まれ、親密な人間関係を育むかもしれません。

苦境にいるとき、あなたが成長のチャンスを生かせると意識すれば、困難を乗り切り、人間的に成熟し、洞察力を養い、周りによい影響を及ぼすことで、喜びを感じることでしょう。

そしてもしあなたが、過酷な状況から解放されれば、たとえ肉体的には衰えても、あなたの内的な生活は充実し、人を愛する能力はさらに増すことになるのです。

いやな日々もいつかは終わる

誰にでもつらい日は訪れます。そのような状況を受け容れる人もいれば、怒りやフラストレーションをぶつける人もいます。

「もっと貢献できたはずなのに」

「不公平だ」

「日ごろの行いが悪いせいだ」
「私の何が間違っていたのだろう?」

怒りを内側に向ける人もいれば、外側に向ける人もいます。ただ、どちらに向けようと、怒りはあなたをさらなるネガティブ思考へと陥れます。

つらい日々は、誰のせいでもありません。ですから、すべてをネガティブにとらえて自分を責めるのはやめましょう。

悲しい出来事を、もっとよい自分になるきっかけにしましょう。

一人でグジグジ考え込むのはやめて、次のような言葉を自分自身にかけることで、充実した日を送ることができるでしょう。

• 今日が過ぎるのを黙って待とう。自分自身にやさしくしてあげて、よりよい日が来るのを楽しみにしよう。

• 人生の痛みは、自分が成長、成熟し、喜びの器に穴を開け、喜びという水の入る容量を増やすチャンスだ。
- 今日は特別な成長のチャンスだ。
- 苦難にある人や自分自身に慈愛の念を持つ練習をするのに今日という1日を費やそう。
- 今は真っ暗でも、いつかは朝日が昇るだろう。今日は新たな喜びのはじまりだ。

もしもあなたが自分の期待や人生の地図を変えられれば、どんなにいやなことが起きても、罪悪感を抱えすぎることはないでしょう。

人生のルールを調べる

社会によって定められた法律や規則のほかに、親の教えや自分で決意した個人的なルールを誰もが持っているはずです。しかしながら、ほとんどの人は、自分自身の人生のルールを完全には意識できていません。ですから、あなた自身の人生のルールに注目することで、何かしらのメリットを得られるのではないでしょうか。

人生のルールは何らかの意義をもたらすものです。人生のルールは私たちがよい方向に進めるよう、私たちの行動を規制します。また人生がよい方向に進む道先案内人の役割を果たすこともあります。

人生のルールに注目したとき、あなたは実際には逆効果な不文律に従って生きていると気づくかもしれません。

「私を必要としてくれている友人に、絶対に『ノー』と言ってはいけない」といったルールは、あなたがあなた自身をきちんとケアすることを禁じてしまいます。「どんなときも整った身なりでいなくてはならない」というのは、あなたの人生を現実に困難にさせ、あなたのエネルギーを奪います。

もしもあなたのルールのいくつかが、利益よりも害をもたらすとわかったなら、それらを変えようとより強く思うはずです。

また、あなたは両親が課したルールを無意識に自分に課し続けてしまっているのかもしれません。あるいは、自分で課しながらも、課したことを忘れていたルールに従って生きているのかもしれません。

それはまるでスプーンを使って食事するようなものです。スプーンではじめて食べるのは簡単ではありません。どれぐらいの量をすくえばいいのか、どうしたらこぼさずにすむのか、どうやってスプーンを口に運ぶのか……、最初はわからないことだらけです。しかし、一度やり方を覚えれば、何も意識しなくなります。気がついたときには、完全に無意識となっていて、どうやってやるか、なぜそうやるのか、まったく考えなくなります。

ひょっとしたらあなたは、子どものときに自分で見つけ、今は古びてしまって利益よりも害をもたらすルールに、無意識的に従い、生きているのかもしれません。

前に書いた通り、罪の意識をほとんど持つことがないという人がいます。

一方で、ちょっとしたミスや、自分には直接関係のないことでも罪悪感にかられるという人がいます。

あなたが前者であれば、あなたの人生のルールは緩すぎるかもしれません。後者であれば、あなたの人生のルールは厳しすぎるかもしれません。
以下に厳しすぎる人生のルールの例を示します。

- 失敗をしてはいけない
- 常に誰かの役に立たなくてはならない
- 人を悲しませてはいけない
- 周りの皆が幸せでいられるよう努めなくてはならない
- 自分と他人を比べ、優越感を覚えたり、いい気になったりしてはならない
- 明確な理由もなく、ほかの人にいらだってはならない
- ほかの人に期待してはならない
- どんなときも人に迷惑をかけてはならない
- 誰かを怒らせてしまったら、相手が私をまた好きだと思えるようにする責任は自分にある
- 誰かが訪ねてきたとき、いつでも喜んで歓迎しなくてはならない
- 友人がピンチのときには、手を貸してあげられるよう、常に気遣わなければならない

罪悪感を生み出しているルールの見つけ方

私たちが人生でする選択は、自分が望むことと、従うべき価値や人生のルールの中間であることがほとんどです。ですから、決断を下すときは特に、それらのルールを明確にしなければなりません。

「あなたはどうして、したいことをすればいいのに、それをしないの？」とか「やりたくないことは単純にやらなければいいのに、なぜやらずにいられないの？」といった質問は、ルールと価値観の両方を明るみにします。

たとえば「邪魔されたくないのに、母親から電話がかかってくると、どうして私は電話に出てしまうのだろう？」とか、「どうして私は、後で疲れきってしまうとわかっているのに、職場で余計な仕事を任されたときに、『いいですよ』と言ってしまうのだろう？」といったことです。

この質問に対する答えは、次のようになるでしょう。

「どんなときも親を拒んではいけない」
「どんなときも親切でなくてはならない」

自分を否定してしまったり、自分の力が及ばないと感じたりしたときに、意識を研ぎ澄ますことで、あなたは人生のルールを発見することができます。

それでは、あなたの感情の陰にどんな思考が隠れているか探りましょう。あなたは今この瞬間、自分にどんな言葉をかけましたか？　そこから何か気がつくことはありましたか？

私は自分が下した決断が好ましくない結果をもたらしたことに気づくと、自分自身にとてつもない怒りを覚えました。私は誤った決断を下すことを禁じるルールを自分に課していることに気づきました。紙に書き出して、そのことについて考えることで、いかに自分が自己批判によって苦しんでいるのかが、はっきりしてきました。

エヴァ、29歳

誰だって、決断を誤ることはあります。未来のことはわからないし、あなたの選択がどんな結果をもたらすか完全に予測することもできません。何年もたってからようやく、そのことに気づくこともあります。

決断を下した瞬間は、わからないことが多すぎて怖くなるかもしれません。そして必ずしもよい結末が訪れるとも限りません。別の選択をしていればよりよい結果が得られたと、後から気づくこともあるでしょう。

エヴァは自分の力以上のルールを自分に課していると気づくと、1枚の紙に太いペンで「誰もがときに決断を誤る」と書き、冷蔵庫に貼りました。

このことは、自己否定を減らすほかにもエヴァに副次的な効果をもたらしました。決断を下すときにいつも感じていた恐怖が和らいだのです。

あなたのルールが厳しければ厳しいほど、それを守るのが難しくなりますし、怒りも湧きやすくなります。

そのため、あなたの人生のルールをより詳しく調べることが役立つはずです。

自分の人生のルールに気づいたら、紙にそれぞれのルールの利点と欠点を書き出しましょう。その紙を見ることで、うまく機能しているルールもあれば、多くの問題の元となっているルールもあるのがわかるでしょう。

人生のルールのなおし方

罪悪感や自己否定を減らすためには、思慮に欠いた人生のルールをほんの少し変えればいいだけです。そうすることで問題から解決された人の声を紹介します。

私は自分の人生のルールの1つが、ほぼ毎日のように自己否定を生み出していることに気がつきました。そのルールとは、「体重80キロを超えてはならない」です。

私の体重はいつも84キロ前後で、体重を減らすために延々と苦闘し続けています。

しばらく考えた末、私は目標体重を84キロにまで増やすことにしました。これで体重を理由に自己否定してしまうという悪習慣から解放されたのです。

エリック、47歳

「職場で常にベストを尽くす」から「ふだんはベストを尽くすけれど、やる気が起きないときは、省エネで仕事してもよいことにする」に変えたとき、私は仕事に行くのが前よりも楽しくなりました。

マルグレーテ、27歳

自分にとって、最も大きな負担になっていることに気づいた人生のルールは、「常に友人に付き合わなくてはならない」というものでした。

このルールは、電話で話をしたくない時間帯に、友人から電話がかかってきたときに問題になります。私はいらいらしますが、電話を無視はしたくありませんでした。私は電話がかかってきたら喜ぶべきだと考えていました。

そして、自分がいらだっていることに十分に気づけずに、つい感じよく電話に出るのです。しかし、電話の後、私はいつも、くたくたになってしまいました。

私は自分のルールをこう変えることにしました。

「友人が電話してきても、必ずしも電話をとらなくてもいい。24時間以内にかけなおせばよいのだ」

私は新しいルールを紙に書いて、いつも見える場所に貼って、すぐに思い出せるようにしました。

アンナ、19歳

人生のルールを変えようと努力することは、あなたに十分な見返りを与えてくれるでしょう。

あなたがする努力とは、頭のなかで新たなルールを考えるだけでなく、紙にそれを書き、何度も何度も読み返すことです。何度も声に出して言ってみるのもいいでしょう。

人生のルールを刷新するときには、同時に、古いルールも廃止すべきです。古いルールを破るのです。破れば破るほど、そのルールのあなたへの影響力は弱まります。

自分を苦しめるルールを破る

人生のルールはあなたの世界の認識に左右されます。たとえばほかの人のニーズのほうが、自分のニーズよりも重要だというルールを設けているのであれば、それは、あなた自身はあまり大事ではないという前提も関係しているのかもしれません。

人生のルールを破るのが難しければ、そのルールの背景にある前提は何なのか、探るとよいかもしれません。この前提は次のように尋ねることで導き出せるでしょう。


「どうして私は～しなくてはならないのだろう？」

「もしも～をしなかったら、何が起きるだろう？」

「どうして私は～してはならないのだろう？」

ここで、もう一度、アンナの話をしましょう。「常に友人に付き合わなくてはならない」というルールに縛られていた女性です。

どうして自分は常に付き合いがよくなくてはならないのか自問したアンナは、最初、答えを見つけられませんでした。それは完全に当たり前になっていたからです。電話がかかってくればどんなときでも手を止めて電話に出ましたし、ドアのチャイムが鳴れば、笑顔で玄関のドアを開きました。

もしも電話をとるのをやめたら何が起きるのかという質問に、彼女は「友人から怒られる」と答えました。彼女は、友人たちが気を悪くして電話してこなくなると考え、それを恐れていたのです。

このレッスンの後、アンナが人生のルールを考え直す準備は整いました。

あえて別のことをしたときやルーティンを怠ったとき、不快や不安がしばしば生まれます。

アンナははじめて電話を無視してとらなかったとき、気分が悪くなり、自分がどうしようもなく汚い人間に感じたと言います。でも新しいルールを何度か練習するうちに、だんだんと自然になっていきました。

後に彼女はそのことについて、あまり考えなくなりましたが、自分が話したくなければ話さなくてもいい、という新たな自由を謳歌するようになりました。


新しいルールに従って生きるには、はじめは強い意志を要します。

プレッシャーや恐怖を感じたり、ただ疲れたりするだけなら、すぐにそれまでの人生でずっと従ってきた古いルールに戻ってしまいます。がんばっていつもと違うことをするよりも、無意識化していた古いルールに従うほうが、ラクなのです。

後戻りしてしまうことを申し訳なく思う理由はどこにもありません。

あなたがはじめ新しいルールを守ろうとしても、つい古いルールをことあるごとに思い出してしまい、ときとともに古いルールに逆戻りしてしまうのは、まったくもって自然なことです。


新しいルールをよく見る場所に貼ったり、友達に話して、その新しいルールについて思い出させてもらえないか頼んだりしましょう。

あなたが厳しいルールを緩いルールに変えられたら、それに従って生きるのは簡単になるでしょうし、罪悪感も減らせるでしょう。

エクササイズ

人生のルールを明確にする

あなたは人生についてどんなイメージと期待を持っていますか？　考えてみましょう。ほかの人とそのことについて話をして、それが現実に即しているか考えましょう。

あなたの人生のルールに注目しましょう。自分が望むのとは別の選択をしたとき、どうしてそのような選択をしたのか、自分に問いかけましょう。


人生のルールを紙に書き、各ルールに対するあなたの意志を明確にしましょう。

そのなかに、罪悪感をしばしばあなたに植え付けるものはありますか？　それらのいくつかを軽減することに、メリットはありそうですか？

まとめ

人生の地図やルールに焦点を当てる

思考と人生のルールは、罪悪感を抱く頻度と罪悪感の強度に大きな影響力を持ちます。人生で訪れる幸福と成功についてあなたの期待値が高いと、それらを満たせないときに、すぐに不満を感じてしまうでしょう。期待値を変えることで、無力感を抱くことが減るはずです。

あなたが厳しい不文律に従って生き、何にかけてもほぼ完璧であるべきと思うと、罪悪感という重荷をすぐに抱え込み、活力を失ってしまうでしょう。

自分の思考や人生のルールに注目し、厳しすぎるルールを緩めることで、自分のせいだとか、もっとやる気を出さなくてはと、感じにくくなるでしょう。

第5章

恐怖心をコントロールする

恐怖心と友達になる

罪悪感には恐怖心が含まれます。そのため、認知療法における恐怖心への対処法を、罪悪感にも適応することができます。

まずはあなたが恐れる状況に、あえて身を置いてみましょう。あなたがエレベーターに乗るのを怖いと思うのなら、それをあえてやってみるのです。その状況でも落ち着いていられるようになるまで、何度もやってみましょう。

特定の感情を抱くのを恐れているのであれば、その感情が引き起こされる状況を避けようと苦心するはずです。

たとえば罪悪感で苦しみたくないあまり、自分のキャパシティーを越えてがんばってしまってはいませんか？　すると、あなたに対する周りの期待がどんどんエスカレートしていき、結果としてあなたの時間とエネルギーは減っていくのです。

そこで、あなたが方針を変えて、他人にあまり世話を焼かないようにしたとしたら、あなたはきっといたたまれない気持ちになるでしょう。でもそれは罪悪感と付き合う練習をするチャンスでもあるのです。その感情に対する好奇心や知りたいという気持ちを受け容れ、その感情は危険ではないと自分自身に思い出させましょう。

また、自分の感情を我慢する能力も養うことができます。それは、筋トレのように練習すればするほど上手になるでしょう。すると、あなたの周囲の人たちは、次第に期待値を下げてくるでしょう。

例を挙げてみます。

私はストレスを抱え、自分のことをいたわらなくてはならないことが、よくわかっていました。ところが妹から電話がかかってきて、子守をしてほしいと頼まれたときに、断ることができませんでした。断ったら、罪悪感のあまり、1日が台無しになってしまうからです。

ヘッレ、42歳

ヘッレが見過ごしてしまっているのは、罪悪感と付き合う練習をすれば、その感情は和らぐということです。はじめは激しい罪悪感に苦しむかもしれません。でも子守りを3回目に断るころには、罪悪感に慣れて多少悪気は感じるかもしれませんが、自然のなかでくつろぐなどして、休みの日を楽しめるでしょう。

罪悪感はさまざまな状況で起こりえます。周囲の期待や他人の価値観に合わせるのをやめたときに罪悪感が生じることはよくあります。

たとえば、こんなケースです。

父は常に私に学歴をつけるよう言ってきました。

教科書なんて読んでも、ちっともおもしろくないし、パソコン画面の前に座ってやるような仕事をしたいとは思いません。親戚との食事中、高度な教育を長年受けているいとこが褒められているとき、私は何度か父のほうをちらりと見ました。父が悲しそうにしているのを見て、私の心は痛みました。

キャスパー、32歳

キャスパーは父親からの期待に応える生き方を選択してきました。父親がほかの家族のように、息子の卒業を祝えないことを悲しんでいるのを見て、彼は罪悪感を覚え、父親が友人から息子さんは何をしているのですか、と聞かれたときに胸を張って答えられるよう、何かしらの教育を数年受けようかと考えたこともありました。

罪悪感はある意味、現実に即したものです。キャスパーは実際に、父親をときどき悲しませているからです。

しかしながら、責任の所在を誤って認識してしまっているのです。キャスパーには、彼の父親が家族や友人に誇らしく語れる生き方をする責任はありません。誇りに思えるような人生を生きる責任があるのは彼の父親です。そしてキャスパーには、自分の進む道を信じる責任があります。

親の期待に応えられず、罪悪感を覚えようとも、自分の進む道を信じることが大事です。心理学博士で、神学者のベント・ファルクは、この罪悪の形を、「存在税」と呼びました。自分の生きる道を信じることは、ときに代償を伴うのです。

感情を受け止める練習をする

親は本来、無条件に子どもを愛し、安心感を与えてあげる存在です。

しかしながら、自分自身の感情をコントロールするのが苦手で、子どもに恐怖感や孤独感を植え付けてしまう親もいます。もしあなたが、そのような親の下で育ったのならば、あなた自身の心の声やあなたが持つ感情に寄り添うのに問題が生じているかもしれません。

ひょっとしたら、あなたは時折、自分の感情の声が心の内で雑音となり、いちばんとるべき行動がとれないことがあるのではないですか?

たとえば、あなたは自分のせいで子どもを悲しませるのに耐えられず、必要な境界線を定められずに子どもの生活に干渉しているかもしれません。過干渉を受けてきた子どもは、最終的に誰の目から見ても不快な行動をとってしまうことがあります。

もしもあなたがパートナーを悲しませたり、怒らせたりするのに耐えられないのであれば、その思いがあなた自身とあなたのパートナーとの親密さや良好な関係の妨げとなるような行動へとあなたを駆り立てるのかもしれません。

罪悪感を避けるために、ほかの人と少し距離をとることでラクになることもあります。人里離れた島では、普通は罪悪感を覚えないでしょう。ほかにも、近所の人やスーパーのレジ係の人など、表面的な関係の人に対してなら、罪悪感を抱かずにすむような正しい行動をとるのは、比較的簡単でしょう。

ところが、あなたが相手に対して大きな意味を持てば持つほど、相手の期待に応えられないとき、相手をひどく失望させてしまったという思いから、あなたは落ち込むでしょう。相手が重要な相手であればあるほど、問題は大きくなり、あなたは罪悪感に耐えられなくなるのです。

人付き合いを避ける以外に問題の解決策は幸いあります。

練習をして、不快な感情にうまく耐えられるようになれば、もっとリラックスして人と関われるようになるでしょう。

そしてあなたはその感情にどう対処するか決める前に、あなたらしさを取り戻す時間を確保できるようになります。

ひょっとしたらあなたは、自分にこう語りかけるかもしれません。

「私の罪悪感。私はあなたを存在税と見なします。たとえば週末を完全に自分だけのものにするために私が払う代償として」

あなたは、あなたの週末には、罪悪感という代償を払うだけの価値があると感じているのでしょう。

あなたが、自分のやりたいことを優先することで、はじめのころは不満をぶつけられることもあるかもしれません。しかしながら長期的には、自由な週末を過ごせることで、あなたにも周りの人にもメリットがあるのがわかるでしょう。

嫌われる勇気を持つ

今この瞬間は皆を喜ばせるような選択も、長期的に見れば、ときに不運な結果をもたらすこともあります。

一方で、今この瞬間は皆からいやがられるような選択も、長期的に見れば大半の人に利益をもたらすこともあるのです。

ほかの人の要求に応えようとして自分の希望を押さえつければ、あなたは好かれはするでしょう。でも、いずれあなたはその関係性を絶ちたくなるかもしれません。

ですから、あなた自身のニーズを半分は優先できるような関係性のほうが、長期的に見れば、両方に喜びをもたらすのです。

たとえば、スーパーで会計していて、子どもがあめをほしいとぐずりだし、仕方なくそれを買い与えたとします。するとあなたは子どもと店員両方に好かれるかもしれません。しかしながら長期的に見れば、子どもにあめを買わないほうがあなたは自分自身に満足できるでしょう。子どもが泣き叫んで、店員やほかのお客さんに迷惑がられて、いたたまれなくなったとしても、決断が揺るがなかったことで、あなたは自分自身がいかに成長し、成熟したかに気づくでしょう。

問題なのは、罪悪感を覚えることではなくて、罪悪感を避けるためにしてきたすべての行動だとわかるでしょう。

エクササイズ

感情に注目し、耐える

ほかの人や自分自身の怒りや評価に対し、あなたが感じている恐怖に注目してみましょう。それに対して、好奇心を持ち、調べ続けましょう。恐怖心はどのような場面で増し、どのような場面で減りますか？

周りの人にいい顔をされずとも、自分自身の価値判断に従って行動する実験をしてみましょう。
手はじめにたとえば、歓迎されないとわかっていても、あなたの意見を表明してみましょう。もし相手がネガティブな反応を示したら、深く息を吸い、自分自身の心の声に耳を傾けましょう。そしてあやまったり、説明したりして、すぐに撤回するのではなくて、その気詰まりな状況に耐える練習をしてみるのです。

まとめ

恐怖心を
コントロールする

罪悪感には、ほかの人やあなた自身の怒りや評価への恐れが含まれていることが多いようです。


恐怖心は、ほかの人の期待に応えるよう、あなたを促します。しかしそれでは、結果的に誰も満足しないでしょう。

あなたがどれだけ速く走ろうと、もっともっとと期待する人は必ずいます。さらにそのような戦略をとると、ストレスを感じたり、燃え尽き症候群になったりする大きなリスクがあります。

代わりに、恐怖心と親しみ、罪悪感に耐える練習をしましょう。その際、すぐにフォローしようとしたり、人を避けたりするなどして、恐怖心と罪悪感を取り去ろうと奮闘する必要はありません。

第6章

責任放棄について知る

責任の度合いは人それぞれ

責任を負いすぎる人がいる一方で、常に責任をほんの少し、またはほとんど負わない人もいるのが世の常です。同じ人でも、ある分野では多くの責任を負うのに、別の分野の、人生の異なる時点では責任を負う余力がないというケースもあります。

責任の放棄は自信のなさから生まれることがあります。

私の父が子育てに関わるのをためらっていたのは、母のほうが子育てが格段にうまいと思っていたのと、自分が何の役に立てるかわからなかったからでしょう。そこで父は、家計に大きな責任を負いました。

責任は物事を変える原動力になりますが、引き受ける度合いは人それぞれです。

これから極端な責任放棄の例を取り上げます。このようなとき、人は自分だけが犠牲者だと考えがちです。

自分を犠牲者と、とらえることの問題点

私たちはときに、ほかの人のストレスのはけ口にされていると感じます。このように世界をとらえることで、あらゆる悪を自分とは無関係なものと見なすのです。

犠牲者の立ち場に立つことで、自分には罪はない、自分はぞんざいな扱いを受けている無力な人間だという顔をします。そんなとき、人は怒りを特定の相手に向けがちです。これは究極の責任放棄です。

自分自身を犠牲者ととらえてしまうのは、厳しい現実に耐えられないからです。

私たちは自分ではどうにもできない、驚くような苦難に直面することがあります。たとえば病気、死、強盗など。またいじめの標的にされたり、精神的、肉体的暴力を受けたりすることもあるでしょう。

暴力やいじめの刃が誰に向けられるのかは偶然、決まるものではありません。たとえば

頭がよかったり、倫理観がしっかりしているなど、本来は長所とされるはずの特性を理由に、いじめの標的にされることもあります。また一方で、本当に犠牲者以外の何者でもない人もいます。

私たちが自分自身を何の罪もない犠牲者ととらえ、あらゆる不快な出来事は、外部からもたらされたものととらえるときには、自分の責任に意識が向いていないケースが少なくありません。

犠牲者の役目を負った人には何が起きるのでしょう。

マリアのケース

マリアは成人した子どもたちから、ぞんざいな扱いを受けている、と感じていました。自分がどれだけ子どもたちに尽くしてきたかを思うと、子どもたちが年に二、三度しか訪ねてこないことは、ひどく理不尽に思えたのです。彼女は子どもたちを自己中心的だと思い、怒り心頭に発していました。

お客さんがやって来たときに、マリアは恩知らずな子どもたちについて、厳しい口調で話しました。

マリアは自分のことを無力な犠牲者だと感じ、状況を変えるために自分に何ができるかには、まったく意識を向けられていませんでした。彼女ができることはいろいろあります。

- 子どもたちにとって、もっと魅力的な親になるために、何ができるか調べる
- ほかに一緒にいる人を探す
- 時間を投じることのできる趣味を持つ
- ネガティブ思考から脱することができるよう、助けを求める

しかしマリアは実際は、自分が幸せになるために、子どもたちが行いをあらためてくれるよう期待していました。これは典型的な責任放棄の例です。

いつも同じ人が犠牲者であるわけではありません。
誰がいつ犠牲者になってもおかしくないのです。

子どもは、扶養者である大人の犠牲になりやすいものです。子どもたちは状況の改善に

つながる決断を下すチャンスに、大人ほどは恵まれていません。自分を無力な人間ととらえている子どもが大人になっても、同じように考え続けてしまうと、いつまでたっても現実に対処できません。

すべての責任を放棄して罪をほかの人になすりつける大人は、自分だけでなく、ほかの人にも大きな問題をもたらします。このような責任転嫁は、その人が邪悪だからではなく、過去にとらわれ、不運なパターンに陥っているために起こります。

犠牲者になるという戦略の陰には、あまりにも強烈で、本人がまっすぐに見つめることができず、それゆえ完全かつ部分的に忘却の彼方に葬られていた子ども時代のトラウマが隠れているかもしれません。

犠牲者の罠

影響力や権力を持ち、敵を押しやるために、完全に無意識で「犠牲者」というポジションをとろうとする人もいます。

しかし、最もありがちなのは、犠牲者の役目を負う人が、困難に対処できないときや、自分の心に向き合えないときや、恐怖が増幅しすぎたときに、お決まりのパターンに陥り、そのパターンに自分を押し込めてしまうことです。

犠牲者の役割に自分を置くことで、耐えがたい現実から自分を守ることができます。たとえば誰かが突然亡くなってしまったときに、遺された人が、素早く処置ができなかった医師や病院職員などに激しい怒りをぶつけることがあります。夫を失った妻が自分や夫を、ほかの人のミスや責任感の欠如の犠牲と見なし、激しい怒りを向けてくることがあります。しかしこの人たちが悲しみのプロセスに従い、自分の感情に向き合えるようになれば、ショックは和らぎ、自然と改善されるでしょう。

犠牲者のメカニズムを理解するために、自分の人生において、犠牲者のメカニズムが発動していたときの状況を思い出してみてください。たとえば、予期せぬ請求書が送られてきたり、申請に落ちたり、ほかの人の怒りにショックを受けたり、自分には無理な課題を与えられたとき、あなたはほんの短い期間であっても、自分のことを世界の悪意の犠牲者ととらえることでしょう。

私のある経験を紹介します。

デュアースランド教区で牧師をしていたころ、私は自分のことを犠牲者と感じていました。私は教区会からいじめられていると思っていたのです。友人が私の文句と訴えに、うんざりしているのを感じていました。友人たちはどうしていいかわからなかったのでしょう。私は本当につらくて、必要な選択ができませんでした。私は自分にもいくつか選択肢があるという事実から、目を背けていたのです。

何年もたってその状況から脱してはじめて、その状況に悩み苦しんでいたのは自分だけではなかったこと、問題はほかの誰にも変えられない人民教会の構造にあったことに気がついたのです。

あなたが犠牲者の役割にとらわれている限り、世界は白黒に見え、別のポジションで生きてみようという欲求も萎《しぼ》んでいくことでしょう。ある状況と距離をとることで、その状況のより詳細なイメージをつかめることもあります。

子どものころからの解決できない感情

犠牲者の役割から抜け出せない大人は、子どものときに実際、犠牲者だったというケースがよくあります。怒りは、何もないところからは生まれないものです。怒りが湧いて当然の状況が、過去にあったはずです。

インガーのケース

インガーは母親から、自殺をすると脅されていました。そのため彼女は10歳のときに学校から帰ってきて母親を見つけられないと、完全なパニックに陥りました。しかし今は、当時の感情などどこかに消えてしまったかのようです。彼女は「よい両親に恵まれ、幸せな子ども時代を過ごした」と言って聞かないのです。

大人になったインガーは何度も、犠牲者の役に陥りました。たとえば彼女は、「ある職人にだまされた」と言います。そして、親しい人たちがその職人を嫌うよう仕向けました。もしも彼女がその職人のキャリアをぶち壊しにする権力を持っていたなら、彼女はそうしていたことでしょう。

インガーの子ども時代を思えば、あてのない恐怖や怒りを感じるのは当然の反応です。当時、彼女の周りには、インガーの心の内をケアし、彼女の置かれていた現実に目を向け、支えとなってくれるような余裕のある大人はいませんでした。

大人になった彼女は、セラピーを受ければ、幼少期の感情と向き合い、今の感情とよりよく付き合えるようになるかもしれません。しかし、そうするだけの十分な勇気と心の強さを持ち合わせていないのかもしれません。代わりに彼女は、子ども時代に抑圧された怒りを周りの人に向けてしまうようになってしまったのかもしれません。

彼女自身、実際は今の状況と関係のない問題にほかの人を巻き込んでしまっていることに気づいていないのです。彼女はほかの人が邪悪で、自分のことをだまそうとしていると感じています。彼女にとってはそれが現実なのです。

エクササイズ

自分は犠牲者なのかを考える

あなたが人生のどの時点で、自分を犠牲者ととらえるようになったか考えてみましょう。
実際、あなたは常に犠牲者なのか、それとも、見過ごしていた対処法があるのか考えてみましょう。

思いついたことを自由に書きましょう

まとめ

責任放棄について知る

私たちは対処できない問題の責任を他人に押しつけがちです。

これは大きな問題です。なぜなら、その問題を解決できるのは、自分だけだという場合が多いからです。


いちばんの責任放棄は、私たちが自分のことをほかの人の犠牲者と見なすことです。

実際、まだ子どもで大人に依存していたときに、犠牲者だったこともあるかもしれません。

しかし、大人になっても自分のことを犠牲者だととらえているのであれば、その人は負の連鎖を絶つ責任を放棄しているといえるでしょう。

第7章

退行に気づく

退行とは何か？

犠牲者の役目を負うとき、あなたの大人としての能力が機能しなくなります。これを専門用語で「退行」といいます。

退行とは、過去の発達段階に戻ることを意味します。それまできちんとトイレでおしっこできていた子どもが、弟や妹ができたり、保育所に行きはじめたりしたことでプレッシャーを感じ、おもらしをするようになることがあります。コミュニケーションにも人付き合いにも長《た》けた大人の女性が、自身の怒りが原因で恐怖心を覚えたり、自分自身の問題に押しつぶされそうになり、小さな子どものように泣き出してしまうことがあります。

あなたがすぐに罪悪感を覚えたり、責任を抱え込んだりしすぎるのであれば、退行しやすいのではないでしょうか。

無責任なのと責任を抱え込みすぎるのは、実は表裏一体です。そのため、あなたは退行してほかの人に責任を負わせることがないように、とりわけ注意する必要があります。

退行のメカニズムを理解するために、過去に退行したときの状況を再現してみるとよいでしょう。それほど、頻繁ではないかもしれませんが、それが一体何だったのか深く理解する助けとなるような経験ができるかもしれません。

たまには退行するのもいい

誰にでも大人らしい振る舞いをしたり、すべてをきちんと管理したりすることから解放される時間がときには必要です。

夫や妻、恋人、友人との関係のなかで、互いがパートナーと順番に退行してみるのもよいでしょう。

明らかに対処できない困難に直面したときに、ほかの人にただあなたの言葉に耳を傾けてもらったり、ときに抱きしめてもらったり、子どものようにただしばらく泣いたりすることで、あなたは救われるかもしれません。それらは、人生で巻き起こる困難に向き合う新たな力と勇気を与えてくれる一種のケアの形といえるでしょう。

しかしながら、あなたがそこからすぐに抜け出して、大人の自分に戻れず、必要な決断を下せないのであれば、その退行は適切ではありません。

退行が問題になるとき

退行するとき、あなたは、相手がその状況からあなたを助け出してくれるのを望むはずです。あなたはその間、あなたにできることのすべてや、あなたが自分自身を救うためにできる可能性を単純に忘れてしまうかもしれません。

こんな例があります。

ある晩、ストレスを抱えていた私は、いつもより少し強くドアを閉めて、指を挟んでしまいました。救急外来に行くべきか悩んで、恋人に電話をしましたが、彼は電話に出ないばかりか、かけなおしてもくれませんでした。彼が電話を返してくれないことに次第に憤り、いらだちを募らせた私は、何度も時計を確認しました。私は裏切られたと感じ、もう一度彼に電話をして泣きながらメッセージを吹き込みました。「一体何をしてるのよ」と怒鳴って電話を切った後、私はさめざめと泣き続けました。

3時間後、ようやく彼が電話をしてきました。彼は家にいたのですが、電話をサイレントにしていたのです。彼はすぐに来ると約束してくれました。

彼と話ができた私は、すっかり落ち着きを取り戻しました。そして自分の反応を少し恥ずかしく思い、どうしてほかの人に電話をしたり、ネットを少し調べたり、看護師をしている姉に指の写真を送るといった方法を思いつかなかったのだろうと不思議になりました。

選択肢はたくさんあったはずなのに、そのときの私は、なぜか八方塞がりだと感じていました。そして恋人がいなければ、自分は完全に無力だと感じていたのです。

マーレン、27歳

退行して犠牲者の役割を負うのは、無力化した怒りの特別な形です。怒りはお腹を空かせた乳飲み子のように強烈なもので、その人は無力で無垢な犠牲者のように自分のことを感じ、不幸の原因はほかの人にあると思ってしまいます。

犠牲者という罠から抜け出す方法

犠牲者は先に述べた通り、退行の状態にあります。

あなたが自分自身を犠牲者だと感じるのは、あなたがある一定の期間、自分の大人としての能力や選択肢を見過ごしてしまっているからでしょう。

自分自身がとても小さな子どものように感じられるのは、おそらく恐怖が原因です。あなたは大人のあなたに戻らなくてはなりません。その練習法は次の通りです。

あなたが非常に大きな問題に直面しているところを思い浮かべてみましょう。その上で、次の2つの質問に答えてみてください。
「あなたはどうやってその問題を解決しましたか？」
「あなたはその際、どんな能力を使いましたか？」

私は以前、翌朝ねずみ取りを確かめに行けるのが自分だけだとわかった夜、このリストを作りました。私はソファーの上で丸くなり、首をしめられた状態で死にきれずもがき苦しむねずみ取りのなかのラットの話を思い出しました。そして思ったのです。「私は明日の朝、裏庭に行かない。だって無理なんだもの」

幸い、私はこの退行から戻る方法を知っていたので、自分がこれまで対処してきた困難について思い出しました。

たとえば以前、太平洋を泳いでいて、やや深いところまで流されてしまったことがありました。体が痛み出し、もうだめだと思いつつも、命からがら、陸へと流れに逆らい泳ぎ続けたことを思い出しました。

また、車とぶつかってしまって、運転手が車から飛び出してきて、怒って私を見つめたときのことも思い出しました。私は自分の車から降りたくありませんでしたが、それでも降りざるをえませんでした。

さらに私は難産のときのことも思い出しました。

こうした困難を思い出すことで私は、どんな不快な状況でもあきらめず、懸命に対処するのが、自分は実は得意なんだと思い出したのです。

その後私は今の状況について再び考え、背筋を伸ばして座り直しました。私は、もちろん自分ががんばって、翌朝待ち受けるミッションをこなせるとわかりました。

死んだネズミをごみ箱に運んだときの私の喜びと誇らしさは、言葉に表せないほどのものでした。

退行から脱却して、再び苦難に立ち向かえたときには、喜びが訪れるものです。

ほかの人を退行から抜け出させる方法

もしも身近に、自分を犠牲者だと思って身動きがとれなくなった人がいるのならば、あなたはその人を退行から抜け出させる手助けができるはずです。

その人に、これまでどんな困難に対処したのか尋ね、その人がどんな困難を乗り越えてきたか、あなたが思いつく限り、思い出させてあげましょう。たとえばこう言うのです。「あなたがクビになって、家を売ろうとまで考えたときのこと、覚えてる？　本当に大変だったわよね。あのとき、あなたはどうやってピンチを切り抜けた？　あなたには困難に打ち勝つ能力があるのよ。自分ではどう思うの？」

相手がほかの人に文句を言うのにあなたが耳を傾けたり、相手には怒るだけの理由があると同意したりしても、まったく相手のためにはなりません。

あなたがたとえば、「ひどいわね」とか「その人は恥を知るべきだ」などと言えば、相手は間違いなく喜ぶでしょう。あなたがそう言うことで、相手が喜んだり、雰囲気がよくなったりしても、それは一時的なものです。長期的には、あなたはその人が過去にとらわれたまま生きるのを助けたことになるのですから、両者にとって、不健全な状態だといえます。それよりも、状況をよくするために、何ができるか話をするチャンスを与えるほうがずっとよいでしょう。

もし相手が子どものころにずっと犠牲者だったとすれば、そのころの話を一緒にするほうが、相手は喜ぶはずです。もしも相手が子ども時代の傷と向き合い、当時の感情を整理することができれば、今、身の回りにいる人と悪循環を繰り返す必要はないのです。

しかし過去の受難から脱する手助けを相手が望んでいるかは定かではありません。もしかしたら自分のことを罪のない犠牲者と見なすほうが、その人にとってメリットが多くあるのかもしれませんし、恐怖が大きすぎる可能性もあります。

その場合、あなたがするべきことは、相手ではなく、あなた自身をいたわることなのです。

エクササイズ

退行に対処する準備をする

あなた自身が退行してしまったときのことを思い出してみましょう。
あなたが大人として対処するのをすっかり放棄してしまったのが、健全な短時間の退行だったか考えてみましょう。

あなたがこれまで乗り越えてきた苦難をリスト化して、それをいつも目にする場所に貼りましょう。苦難に次、立たされたとき、そのリストは役立つかもしれません。

-
-
-
-

まとめ

退行に気づく

ほかの人からのケアや思いやりを受け容れる一貫としての、健全な退行もあります。そのような退行は短時間だけのものであって、その人を大いに解放してくれるでしょう。しかし退行が長時間の場合は、その人自身だけでなく、その人に親しい人にも問題をもたらすことがあります。

退行している相手が話す他人への不平不満に同調することで、相手を救うことはできません。相手に必要なのは、退行から抜け出し、大人の自分に戻り、責任を持ち、自分の問題を解決できるようにする後押しをしてもらうことです。
その人が退行から抜け出したいと望んでいないのであれば、友人、または家族として、自分自身をいたわることが大切です。

第8章

限界点を定める

犠牲の連鎖

第6章で紹介したインガーの話に戻りましょう。

彼女はぞんざいな扱いを受けたと思う相手、たとえば職人や医師、役所の職員などの犠牲者として多くの場面で振る舞ってきました。

インガーの娘、ヨセフィーネは母親のいざこざに巻き込まれるのを避けられませんでした。インガーの怒りは、命の危険さえも感じた子ども時代に起因していたため、恐ろしいほどの力を持っていたのです。争いが起きると、インガーの頭のなかは、家庭のことでいっぱいになりました。

幼いときだけでなく、中高生になってもなおヨセフィーネは母親を「邪悪な人たち」との闘いから守り、助けるためにできることは何でもしました。

彼女は自分が悪になることを極端に恐れていました。母親の敵になるのがいやだったのです。彼女にはそんな経験が何度かありました。たとえば、ダンスの発表会のときに、母親が手作りしてくれた素敵なドレスを着ていたのに、おもらしをしてしまったのです。母のインガーは憤慨して、娘であるヨセフィーネが、お手製のドレスをお披露目するという自分の喜びを台無しにしたと考えました。

怒る母を前にヨセフィーネは、この世から消えたいと願うほどに、自分のことを恥じました。


インガーはほかの人を不快にさせないように、自分を犠牲にするときだけ、自分をよい人間と見なすことができました。

ヨセフィーネは子どものときから、母親の理想像を疑問に思うことなく、受け容れてきたのです。

そのことで大きな弊害が生まれました。美しく、罪のない人間は、ポジティブな感情しか持たないと彼女は考え、自分の感情に極力気づかないようにしました。しかし心の奥底では、それは現実に即さない誤りだと感じていました。

犠牲者には自制が必要

インガーは小さな子どもならば期待できるような助けを必要としました。彼女の周りの人たちは、彼女の感情とニーズを見ないようにしていました。

ひょっとしたらあなたは、困難な状況にある子どもに会えば、完全に自分のことは脇にやって、あなたの注意と思いやりを100％その子に向けたいと思うかもしれません。

そして、同じことが、困難な状況にある大人と出会った場合にも起きることがあります。問題はその状況が長く続いた場合です。

退行の状況にある大人は自分では気づかずに、周囲の人にアピールして、自分の要求を中心に据えたいと思わせようとします。そのアピールはまるで子どもと同じで、非常に理解しづらいものです。たとえば不満に満ちた声のトーンや、怒りに満ちた目つきなど――。

これが子どもだったら、あなたは戸惑いながらも手を差し伸べることでしょう。

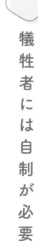

しかし相手は大人なのです。その人の行動は明らかに問題です。ただ、問題行動があまりにも長く続いた場合、あなたはそれを問題だと思わなくなっているかもしれません。

犠牲者は、ポジティブな感情だけを求めてきます。あなたのことなどお構いなしです。あなたのなかに当然生まれるいらだちやフラストレーションの入り込む余地はありません。もしもあなたがそのような仕組みについて考えれば、すぐにあなたのいらだちを自分自身に向け、罪悪感や間違っているという感覚を覚えるでしょう。

どこまで話を聞くか、限界点を定める

心の奥底では怒っていて、白黒で物事をとらえている人たちは、耳を傾けるのが大きな負担になります。自己を正当化しようとする人の怒りは非常に強いものです。もしもあなたがそういう人と親しい関係にあるなら、これは相当骨身にこたえるでしょう。

インガーの娘、ヨセフィーネはこう言いました。

母親が誰かからぞんざいな扱いを受けて怒っている日に、母と電話で話すと、私は心が不安定になってしまいます。

職場でのことです。母親との電話を終えた直後に、同僚が私のところにやって来ました。質問があるというのです。

私はひどくいらだたしそうな調子で彼女の質問に答えてしまいました。私の声に彼女はとても驚いていました。私自身もです。

私はそれまでそんなふうに同僚と話したことはありませんでした。まるで母親の怒りが乗り移ったかのようでした。

ヨセフィーネ、44歳

この出来事があってから、しばらくの間ヨセフィーネは母親からの電話に出ないことに決めました。そして、彼女は母親に、怒っていると聞かされるのがどんなに苦痛だったか伝え、お母さんの個人的なトラブルを持ち込まずに話をしてくれるのであれば電話をとる、と提案しました。

ヨセフィーネの提案を聞いた母親は最初、怒り、裏切られたと感じたそうです。でも、娘との関係を保ちたければ、提案に従う必要があると気がついたようでした。

犠牲者の怒り

犠牲者の立場にいる人の怒りが、相手への共感がすっかり失せてしまうほど激しい場合もあります。

犠牲者は問題を相手の目線から見ることに興味がありません。そういう場合、本人もどれだけ自分が怒っているかわかっていないことが多いようです。犠牲者は攻撃的な自分を自分でないようにとらえ、ただただ悲しみをあらわにするでしょう。

しかし怒りを向けられた相手には、犠牲者の誤った悲しみを理解するのが難しいでしょう。

子どものとき、私は母親が悲しんでいると思っていました。母自身がそう言っていたからです。そして彼女の怒りの原因が私の行動によるものである場合、私は罪悪感に苛まれました。母を悲しませてしまって、とても申し訳なく思ったからです。
30歳になってはじめて私は、母の言う「悲しい」が実際には怒りであることを理解しました。はめるべきピースは複数あったのです。

ヨセフィーネ、44歳

相手が実際に怒っているのだとわかれば、あなたはその相手に怒りを覚えてしまう自分を許し、限界点を定めやすくなるでしょう。

エクササイズ

犠牲者に対する自分の反応を知る

ほかの人の文句を言い、自分のことをあくまでも犠牲者であるととらえる人に会ったとき、あなたはいつもどんな反応を示すか考えてみてください。

あなたは犠牲者の罠にはまりますか？　それとも、状況を変えるために何ができるか、相手と話し合いますか？
話し合う場合、その相手とは誰ですか？

思いついたことを自由に書きましょう

まとめ

限界点を定める

自分のことを犠牲者と見なす人が身近にいる場合、あなた自身のケアをすることが特に重要になります。

相手は自分があなたに対して、強い怒りを表して、あなたにその怒りの感情を伝染させようとしていることに、気づいていないのかもしれません。

あなたはひょっとしたら、ほかの人の不幸な状況や、ほかの人が必要としている感情を自分自身が必ずしも持ち合わせていなかったり、助けられなかったりすることに罪悪感を覚えるかもしれません。
どこまで話を聞くか、どこまで深く関わるかの限界点をはっきりさせることが重要です。

第9章

自分の罪悪感を知る

自分の隠れた一面を知る

月に表と裏があるように、人間にもふだんは見せない裏の顔があります。なかなか意識することはないかもしれませんが、これは事実です。

この章では、あなたが、あなた自身のよい面と悪い面の両方と上手に付き合えるかを見ていきます。

あなたが自分自身の特性と上手に付き合えるようになればなるほど、誰かといるときに持て余していた罪悪感から、簡単に自分を守れるようになるでしょう。

意識していない自分自身の一面を見つけるのに、あなたの他人へのいらだちを用いることができます。

次に誰かがすることに腹が立ったときには、自分自身にこう言ってみてください。

「私ならもっとよい解決策が見つけられるかも」

次のような感じです。

私は誰かが言い争っているのを聞くのに耐えられません。ある日、「私が同じ状況に陥ったら、私ならもっとよい解決策を見つけられるかも」と声に出して言ったとき、その通りだと感じました。そして私は、ほかの人との関係性においても、自分が本当は怒りたいと思っていることに気がついたのです。

この練習はほかの人のことを穏やかな目線でとらえる助けとなりました。私は同時に、ちょっぴりはみだす自由を時折、持とうと決めました。

ポール、32歳

自分のことを「正しい」と見なすとき、あなたはほかの人の何かを失敗だとか間違いだと見なしてしまうでしょう。それは、実はほかの人にあなたの裏の面を背負わせてしまっているといえるのです。

あなたが自分自身のあまり好きではない特性を受け容れられるようになればなるほど、ほかの人のことをより明白にはっきりと見つめ、受け容れられるようになるでしょう。そしてあなたはより一層、自分自身としっかりと向き合えるようになるはずです。

あなた自身の裏の面を意識することで、犠牲者のメンタリティーから脱却する道を歩き出せます。

他人と（あなたが好きでない相手とも）どれぐらい共通点を多く持つかを見つけることで、成長し、成熟することができます。ほかの人を評価したいという欲求から脱却すればするほど、あなたの自分自身に対する見方もやさしいものに変わっていくでしょう。

あなたが自分自身を信じられるようになりたければ、あなたの裏の面からの助けが必要です。

あなたがたとえば親切さや穏やかさや、あなた自身の抑制された、表向きの、社会性のあるポジティブな特性を自分らしさと思う選択を無意識でしているのであれば、周りの人が喜ばない選択をするのが難しくなるでしょう。しかしながら、あなたがときに自己中心的で無力だと自分のことを見なすのであれば、あなたはこの世のなかで居場所を見つけ、自分自身が深層で望む生き方をするのが簡単になるでしょう。

自分の選択に責任を持つ

いらだちや嫉妬といったネガティブな感情に寄り添えば、より簡単にそれらの感情をコントロールできるようになり、それらの感情にエネルギーを奪われなくなるでしょう。そしてほかの人がそれらの感情を抱いているのを目の当たりにしても、恐怖を感じずにすむはずです。

あなた自身の表と裏両方の面に寄り添うことで、ほかの人が同じように自分の表と裏の面に寄り添う勇気が持てるような環境をつくり出すことができます。あなた自身が不完全な人間であることを正直に伝えることで、周りに寛容な空気が広がっていくでしょう。

逆に、ミスや害が生じても、誰もその責任を負わない場合は、家族や集団のなかで抑圧された空気がすぐに漂ってしまうことでしょう。そんななかで、あえて「それは私のミスです」と言う人が一人いれば、雰囲気は和らぎます。

無責任な人との付き合いを避け、自分のミスや罪に寄り添うことで、ほかの人を巻き込むのを避けることができます。

離婚の際、自らの選択と責任に正直になることで、幼い子どもに罪を負わせるのを避けられる例を示します。

メッテのケース

メッテは離婚という選択をしました。「そうでないと私はどうにかなってしまう」と彼女は友人や夫、子どもに言いました。それはメッテが罪悪感から解放されたくて言ったことでした。でも子どもたちは暗く、不幸せそうな表情で、離婚について話したがりませんでした。心理療法士のアドバイスに従って、彼女は自身の決断についてはっきりと言葉で言い表すことにしました。

彼女はこんなふうに表現しました。

「家族をばらばらにするような自己中心的な選択をしたお母さんに、あなたたちが怒っているとしたら、よくわかるわ」

その場はしんと静まり返りました。彼女はこう続けました。

「あなたたちに負担を負わせない人生を歩めたら、どんなによかったでしょう。いつかお母さんを許してくれるよう願っているわ」

メッテにはそう言えるようになるまで、長い心の準備が必要でした。この苦難を受け容れ、乗り越えたことで、子どもたちと離婚について話しやすくなったと彼女は言います。子どもとの関係性もよくなり、苦しみを抱えていた子どもたちのガス抜きの手助けができたことを彼女は、今ではうれしく思っています。

メッテはうつになるのを避けるために、離婚する必要があったと説明することで、自分の罪悪感を軽減することができました。ところが、メッテの説明によって、子どもたちは悲しみと怒りを自分たちのせいだと感じてしまいました。メッテが自分を無力な犠牲者とすることで、自分にはほかに選択肢も、子どもたちの悲しみを受け容れる余裕もなかったと示すことで、子どもたちはネガティブになる余地を与えられなかったのです。

自己正当化しようとしたり、許しを請うたりすることは、ときに他人を苦難に陥れます。苦しいでしょうが、自分の罪を認めることで、周囲をできるだけ傷つけずにすむのです。

プレゼントを渡す

罪を引き受けることで、あなたはほかの人の罪や間違っているという感情を軽減させ、その人の人生の質や幸福を増やすことができます。

私たちは常に賢くなれるのです。過ちに気づいたとき、あなたは洞察力の足りなさから、ほかの人に重荷を負わせるような対処法をとってしまったことを認めざるをえないでしょう。

小さな子どもがいた私は、家事の責任を夫がとろうとしていないと感じ、夫に怒っていました。彼は当時、新卒で教師になったばかりでした。私は家から離れて、ほかの大人と話す機会に恵まれている彼をちょっぴり、うらやんでいたのかもしれません。私は、彼には新しい仕事が大変だと弱音を吐く理由はないと思っていました。

そんなときに、姉の夫が仕事から帰るなりエプロンをつけて家事にとりかかるのを目にしたのです。

ひどく不公平だと思い、私は夫を叱りつけて、ダメ出ししました。そうして離婚に至ったのです。

10年後、私も教師になり、はじめて教壇に立ったとき、教師の仕事がいかに大変かに気づきました。

どれぐらい大変だと思うかは人それぞれであるということをより理解するようになった私は、元夫に対する自分の行動を恥ずかしく思いました。

マイケン、52歳

私たちはマイケンのように、他人にすぐに間違っているという判断を下してしまうと、ときに認める必要があります。

私たちは結果がまだ出ていないのに、改善策をしばしば見出そうとします。マイケンもそうでした。

離婚から12年後に私は元夫に連絡をとり、お茶でもしながら、昔を振り返りましょうと提案しました。

私は彼のことを間違っていると責めたことを申し訳なく思っていることや、今は彼が最善を尽くそうとしてくれていたのがわかると伝えました。すると彼は、当時の君が子どもとずっと家にいて大変だったのはよくわかると言ってくれたのです。私たちは、若くして親になることの困難についてなごやかに語り合い、若かりしころの自分たちの繊細さや過ちを笑い飛ばすことができました。

マイケン、52歳

再会し、互いを貶《おとし》めるような過去の発言について振り返ることは、両者にとって大きな意義を持つでしょう。状況が変わっていない限り、そのような相手を傷つける発言は心のどこかにトゲのように残っていて、自尊心を傷つける要因となります。自分の罪だと認めるという少しの代償は、お互いにとって大きな意義のあるプレゼントとなるのです。

エクササイズ

自分の欠点と罪を認める

あなたがほかの人に評価を下した状況を思い出しましょう。そして、相手の特性をあなた自身も持っているか考えてみましょう。その特徴は、ある問題を解決するのにあなたに欠けている特性かもしれません。

あなたが実際、罪を負うべき状況を思い浮かべ、声に出して言いましょう。「これは私が悪いのだ」と。そして、あなたが罪を負わせてしまった人に、手紙を書いてみましょう。

あなたの周りに、あなたが自分の罪を認めて「自分も悪かった」と伝えるべき人がいるか考えてみましょう。あなたはその言葉を伝えることで、相手にプレゼントをしたことになります。そして相手は罪を認めるあなたの言葉を聞いてほっとしたり、喜んだりするでしょう。

まとめ

自分の罪悪感を知る

誰もが持つ複雑な感情、願い、思想。自分の隠れた一面を受け容れ、向き合う術は、一生かけて練習しなくてはなりません。

容易なことではありません。しかし、マスターすればするほど、自分自身の感情や特性を相手に投影させにくくなるでしょう。

そして過剰な罪を負いすぎて、それを拒絶し、誰かにそれを負わせようとする不幸なパターンに陥ることなく、罪を認められるようになるでしょう。


あなたが罪を認めることは、相手にとってもあなた自身にとっても素晴らしいプレゼントとなるのです。

第10章

罪滅ぼしをやめる

罪滅ぼしという戦略

罪悪感から逃れるために、さまざまな罪滅ぼしをしようとする人がいます。

自分のことを魅力的な人間だと思えない人が、過度に親切にしたり、親身になることで補おうとしていることもあります。

実際に何か罪を犯したことがある人が、それを後悔していて、よいことをして罪を償おうとしていることもあるでしょう。

問題は、罪滅ぼしを長い間続けることで、それが半ばライフスタイルと化してしまうことです。

以下に、親と成人した子ども、女性とその母親、兄弟の関係性について、それぞれ例を示します。

例1：成人した子どもに対する親の罪滅ぼし

娘のルイーセはもうすぐ25歳になるのに、決まった恋人がいません。私は娘が小さいころ、あまり甲斐甲斐しく世話をしてあげられなかったことが、彼女の心の傷になっているのではないかと心配になりました。

私は、他人と親しい関係を築くことが昔から得意ではありません。私は効率的でバイタリティがあるタイプで、仕事をしているときが、いちばん力を発揮できます。でも今は、罪滅ぼしとして、ルイーセが助けを必要としているときは、すべての仕事を手放して彼女を助けます。

アンナ、53歳

アンナは娘が子どものときに、あまり手をかけてあげられなかったことに罪悪感を覚えるあまり、自分の約束をキャンセルしてまで、ルイーセを助けることで、罪滅ぼしをしようとしました。
カウンセリングに来たアンナは、長年彼女を苦しませてきた罪悪感を打ち明けてくれました。私はアンナの母親、つまりルイーセの祖母が、アンナが小さいころ、どれぐらいアンナに手をかけてくれたのか尋ねました。アンナは自分が他人と親しい関係を築けないのは、家族代々続く問題なのだと気づき、開眼させられたようでした。彼女の母親と祖母は、同じ問題を抱えていました。彼女はそうして自分の罪を、親戚の別の女性と共有することができ、ほっとしました。

ここで実際に問題となるのは、アンナの罪悪感ではありません。
罪悪感を持つということは、もっとうまくできるよう願っている証拠です。彼女がどうでもよさそうにしていたら、さらに事態は悪い方向に進んでいたことでしょう。受け止められるようになった罪悪感は、ほかの多くの困難に直面してもなしえないような人格の成熟をもたらします。

罪悪感よりも大きな問題なのは、アンナがとった罪滅ぼしという戦略です。それによって彼女は娘に、娘の現在の問題は母親の責任だという信号を送ってしまっているのです。

責任が重すぎて背負いきれなくなった人は、ほかの人に責任を転嫁しようとします。それは誰にとっても健全なことではないし、成人した子どもにとっても同じです。彼ら自身が自分の人生の幸福に責任を持つことがこの上なく重要なのです。彼らは大人になったのですから、もう親が代わりに責任を負うべきではないのです。

今大人の女性となったルイーセ自身が誇りに思えるような人生を築くために何かできるのはルイーセ本人だけです。母親がどうにかしてあげたくても、してあげられることは何もありません。ルイーセの子ども時代の傷は、今は彼女に成長のチャンスを与えてくれています。彼女がその痛みを成長に変え、満足できるような人生を切り開くことができるのなら――。

あなたの子どもが心理療法を受けることで助けになりそうなら、経済的な余裕があるのであれば、そのお金を出してあげることで支えになることはできます。しかしながら、あえて手出しはやめましょう。成人した子どもは危機を経験し、自分で選択をし、罪に苦しみ、その責任を負う必要があります。

何もせずに見ているのは、簡単なことではありません。自分の子どもを人生の困難から助け出したいという願いは強いでしょうし、子どもが苦しむさまを目にする痛みは耐えがたいものでしょう。でも過度に口を出さずにおくことで、困難に立たされた子どもたちが成長し、喜びと誇りを身につけていくさまを見守ることができるのです。

成人した子どもの人生に過度に関わるよりも、よい見本を示すことに集中したほうがよいでしょう。

セラピーに行く以外に、アンナはヨガや瞑想をすることで、娘とより深い親子関係を築けるようにしました。

それは最初、人と親しい関係を築くのに問題を抱えていた娘に、道を示すためにやっていたことですが、その後、自分の人生を新たな方法で楽しめるようになり、アンナの新たなライフスタイルになりました。同時に彼女は、いつか機会に恵まれれば、もっと親身なおばあちゃんになる心積もりでいます。

子どもに自分が親から与えられた以上のものを与えるのは簡単ではありません。どんな家族も、多かれ少なかれ問題を抱えているものです。虐待の問題を抱えている一家もあれば、大きな不和に苦しむ家庭もあります。代々、恐怖心やうつを抱えている家族もいるかもしれません。

才能も問題も親から子へ引き継がれるものです。恐怖心やうつは、セラピーに行ったり、成長したりすることで負の方向に進むのを止める努力をすることができます。

もしもあなたが自分が与えられてきたより多くのことを、次の世代に与えられれば、ポジティブな変革をもたらすことができたということです。あなたが親戚からの呪縛をかなぐり捨てて、完璧な親になろうとするのであれば、あなたは難題を自分に課して、罪悪感から何もできなくなってしまうでしょう。

例2：間違った感情を持った罪滅ぼし

私の母は学校教育をまともに受けていません。私自身は大学まで出ています。私は母が思慮に欠いた発言をすると、なんてバカなんだろうといらいらしてしまいます。そして、そんな自分に怒りを覚えるのです。教育を受けられなかったのは母のせいではないのに……。

母といるとき、私は目が合うたびに、大げさにほほえんでしまいます。

ビギッテ、37歳

ビギッテが自分の感情にあえて寄り添い、大げさにほほえむのをやめれば、母親といることで感じる疲弊感は和らぐことでしょう。それに母親も、娘から大げさで不自然な笑顔を向けられなければ、よりリラックスできるでしょう。

母親は自分の態度が娘を大げさな行動に駆り立てていると聞いたら、最初は悲しむかもしれません。でもそうではないという想像をしようとしたり、想像をし続けるのをやめるためにも、実際には、事実を提示するのはよいことなのです。

ほかの人にその人たちの幻想を抱かせる手伝いをすることは、非常に多くの労力を必要とします。それはエネルギーの無駄遣いなのです。

例3：過去の傷を治すための罪滅ぼし

僕は子どものころ、弟のペアをいじめていました。ペアは10代のときに大きな問題を抱えていたのですが、それを僕にいじめられたせいだと言いました。大人になってからも問題を抱えていたペアは、僕に冷たい態度をとり続けました。

もちろん僕は自分の行動や、自分のせいで弟に心の傷を負わせてしまったことを申し訳なく思っています。弟の問題について聞くたびに、肩身の狭い思いをするほどです。

僕はペアと一緒にいるとき、彼を心地よくさせるためにできることは何でもしました。彼の問題に耳を傾け、助けようとしましたが、僕のアドバイスを役立てくれることは滅多にありませんでした。

ペアと週末を過ごした後、エネルギーを失っているような空虚な感覚に何度も陥りました。

ハンス、62歳

ハンスがいくらあやまったり、罪滅ぼしをしようとしたりしても、過去を変えることはできません。ペアの今の幸せの責任を負おうとしても、害ばかりで利益をもたらすことはありません。責任を負うことができるのはペア自身だけです。

ハンスはあの手この手を尽くして、弟のペアを喜ばせようとする代わりに、自分の無力さを言葉に表すことで、現実をそのまま受け容れられるようになります。無力感はたとえば次のような言葉で言い表すことができるでしょう。

「過去を変えられたらよいのだけれど」

私たちには、ほかの人のために、自分自身の幸福を犠牲にするべきと考える理由がいくつもあります。ところが自分の幸福を犠牲にしたつもりが、実際には助けようとした相手に重荷を背負わせてしまうこともあるのです。なぜなら私たちが自分自身の人生を謳歌できない罪を相手に背負わせてしまうからです。

もちろん好きで自分を犠牲にしている体を装うこともできますが、このために私たちは他人と自分自身との関係性を見誤るのでしょう。長期的に見て、それがプラスに働くことは滅多になさそうです。

自分自身を許す

罪悪感は自分自身に向けられた怒りです。

怒りはたとえば自分自身との、また誰かとの約束を守るなど、何か重要なことをさせるよう私たちを仕向けてくれます。そのため、怒りは理に適ったものといえるでしょう。

しかしながら、何かを変えられない、または変えようとしないと、怒りが内側に向かってしまいます。このとき大量のエネルギーを消耗する割に、世のなかの役にはまったく立ちません。

　ごく身近な人の期待に喜んで応えてあげられなくて、自分自身を批判しても仕方ありません。あなたの限界はあなたが選べるものではないのですから、自己批判しても意味はないのです。

　さらにあなたが不十分であるためにあなたの身近な人がより一層の困難を抱えたとしても、それは惨事でも何でもありません。問題のない人生を送れる人などいません。ピンチは成長のチャンスです。

　誰もが間違えたり、誤った決断を下したりしながら、賢さを身につけていき、自分自身や周りの人たちが下した選択とうまく向き合えるようになります。

　自己否定は、ときに自分への純粋な罰となることがあります。また、不快な事柄から目をそらし、自分を守るのに役立つこともあるでしょう。

　不快なこととは、たとえば、起きてしまったことはもう変えられないということです。ほかにも、自分がほかの人や自分自身に何かいやなことが起きる原因となってしまうこと、自分が自分で思っていたほどよい人間でないといったことです。

武器を引っ込めて、自分を許すまでには、妥協が必要です。

実際あなたは、そのとき持っていた知識をフルに生かして行動したのです。後から振り返って、それがただのエゴだったとか、あなた自身の価値観にそぐわないのが明らかであっても、立ち向かう勇気を振り絞った自分を認めてあげましょう。

一生、自分を罰するのはやめましょう。

もしもあなたの罪が重大で、それを抱えて生きていくのが難しければ、そのことについて話せる相手を探しましょう。

あなた自身を許すからといって、必ずしも、後で自分の罪を申し訳なく思わないわけではありません。ですが、あなたの感情に支配されるわけでもありません。

自分自身を罰し続けるのをやめて、代わりに、ポジティブなことに意識を向けるように努力することも、許しにつながります。

エクササイズ

自分が罪滅ぼしをしているかどうか考える

いくつかの人間関係において、あなたが言ったことや、したこと、感じたことの罪滅ぼしのために、自分のキャパシティー以上のことをするよう、自分にプレッシャーをかけたことはないか、考えてみましょう。

思いついたことを自由に書きましょう

まとめ

罪滅ぼしを
やめる

自分がした過ちの罪滅ぼしをすることで、罪悪感から抜け出そうとする人もいます。そういう人は、一生、自分を罰し続けるのかもしれません。これは不健全な戦略です。

あなたがいくら罪滅ぼしをしようとも、起きてしまったことは変えられません。

罪を償うために、自分自身を犠牲にしてしまうと、その人との関係性は、欺瞞に満ちたものになってしまうでしょう。そればかりか、痛みを成長に変え、先に進むために必要なことをするチャンスを生かそうとしている人から、責任を取り上げてしまうリスクを冒すことになるのです。


誰の利益にもならない長期間における自己抑圧に時間とエネルギーを消耗させるよりも、そのうちよくなるさと考えるほうがよい解決策になるでしょう。

あなた自身を許すことが大切です。

第11章

不合理な罪悪感を手放す

罪と恥の違い

罪と恥は、次のように区別できます。

- 罪は行為——あなたがしたこと、またはしなかったことを指す
- 恥は状態——あなたの何かが恥ずかしかったり、間違ったりしている状態を指す

罪があるというのは、原因になっているということと同じです。あなたが「自分には罪がある」と感じているのであれば、悪いことの原因となるような何をしたのか、また、何をしなかったのかを探ろうとするでしょう。

恥はそれとは違います。恥は、間違っているという定義不能な感覚であり、誰かに気づかれることで現れる感覚です。たとえば髪がひどく少ないなど、容姿について恥を感じることもあるでしょうし、シャツにソースがはねているのに気づき、恥ずかしく思うことも

あるでしょう。あなたが望むことについて、恥ずかしく思うこともあるでしょう。たとえば手の届かない人に恋をして、恥ずかしく思うとか――。

実際、人はあらゆることに恥を感じます。ほかの人から見ると、何が恥ずかしいのか理解できないような感情や特性について、恥じることも少なくありません。

恥をいつ感じるかは、人によってまったく違います。ある人は愛について、またある人は怒りについて恥を覚えるでしょう。ときにあなたは、何がそんなに恥ずかしく、間違っていると感じるのか、自分でもはっきりとはわからないのに、恥を覚えることがあるでしょう。

一方、罪については、あなたがどんな危害を及ぼしてしまったかが焦点になります。罪については、相手に危害を与えるかどうかが問題で、恥ずかしさを感じることは少ないのですが、現状をどうにか変えたいと強く願うことが多いようです。

恥を覚えるときは、もっとうまく隠せたんじゃないかと思う以外に、具体的な自己否定をすることは滅多にないでしょう。恥は消せません。隠れる以外に、現状を変えるため何か行動に出ようとは思わないでしょう。

不合理な罪悪感

不合理な罪悪感は、あなたが持つ影響力の大きさと不釣り合いかどうかで、実際の罪悪感と区別できます。

あなたが権力を持たないことに対して罪を感じるのであれば、その感情は不合理なものです。たとえばあなたの母親が望まぬ結婚をしたと知ったあなたは、自分が生まれたことに罪悪感を覚えるかもしれません。または親があなたと別の性別の子をほしいと望んでいたと知って、罪悪感を覚えるかもしれません。ほかにも、たとえば結婚しているのに、別の人を好きになってしまって、罪悪感を覚えるかもしれません。

それらはあなたにはどうしようもないことなのに、あなたが自分の罪だと審判を下し、罪悪感を覚えるのは不合理なことです。あなたが誰にどんな感情を抱くかは決められることではありません。どの性別に生まれるかも、決められません。

不合理な罪悪感は、恥と似ています。あなたは間違ったことをしてしまったと、はっきりと感じてはいるけれど、それが何なのか、またそれを修復するために何ができるか、確信が持てないでしょう。

別の行動をとればよかったと感じるのは、その状況に対し、あなたが実際以上に、権力や影響力を持つという幻想を抱いてしまっているからです。

家に遊びに行くと、父はいつも私に人生のアドバイスをしようとしてきます。僕は別にアドバイスされたくないのですが、それを表に出すと、父の機嫌が悪くなるので、にこにこして聞いています。頭の中では、本当は、どうしたら楽しい会話ができるか必死に考えています。

帰ろうとすると、父は早すぎると思うのか、毎回、「今、来たばかりじゃないか」と言います。電車で家に帰る途中、喜びが心から消えるのを感じます。僕はぐったりと疲れ、何も考えられなくなるのです。父の機嫌が悪いと罪悪感を覚え、がんばったのに駄目だった、とがっくりしてしまいます。

家に帰ると、恋人はこう言ってくれました。

「ルーネ、やれるだけのことはやったんだから、仕方ないわよ」

僕は泣き出し、自分がいかにつらい思いをしていたのか気づきました。胸のつかえがとれて、喜びを再び感じられるようになりました。

ルーネ、42歳

何をしたらいいかわからないのに、不合理な罪悪感を覚え、どうにかしなくてはと感じるのは、奇妙なことです。まさにそう感じることで、状況が重苦しく、不快なものになっているのです。

ルーネは父親の機嫌をとるために、自分にできることはない、と考えを改めました。以前は、自分を強く批判しすぎ、体から魂が抜けたようになり、何日間もその魂が自分の体の脇をうろうろと歩き回っているような感覚に陥ったことがありました。けれども、やさしく賢い恋人の助けをうまく借りて、比較的すぐにいつもの自分に戻れるようになったのです。

多くの場合、あなたの罪悪感が現実に即したものなのか、不合理なのかという問いに、イエスかノーで答えるのは難しいものです。なぜなら罪悪感が増幅して、過剰になってしまっていることが、よくあるからです。

たとえば元彼が、あなたと別れた後の生活がうまくいっていないときなどに、自分だけのせいだと考えてしまうと、あなたの罪悪感は増幅してしまうでしょう。あなたにも罪はあったとしても、別れというのは一方のせいではありません。そして何より彼の幸せの責任を負うのは、彼自身です。

不合理な罪悪感から解き放たれることで、あなたの罪悪感がどの程度、状況と不釣り合いなのか、はっきりするでしょう。

罪悪感が不合理なものだとわかったら、好奇心を持って、探っていきましょう。

「どうして、そこまで罪悪感を覚えてしまったのか？」

「何が心に引っかかっているのか？」

それらについて探るときに役立つ練習法を紹介します。

自分の罪悪感について調べる

過度で不合理な罪悪感は、理解するのが難しいものです。しかしながら、謝罪の手紙を書くことで、何が起きているのか、少し見えてくる場合があります。

手紙を書いている間は、理性を忘れてください。あなたが申し訳なく思っていることの罪が、実際誰にあるかは考えないようにしてください。このエクササイズに意味があるかどうかも、考えないでください。

ただあやまることで、罪悪感が消えていくのを感じるのです。何も気にせず、ただ自由に書きましょう。

ヘンリックのケース

ヘンリックの家にある日、別れた後も彼のことを強く思ってくれている元恋人が訪ねてきました。彼女はおしゃれをし、美味しいご飯を持ってきてくれて、彼のズボンの穴を繕ってくれ、彼が心地よく過ごせるよう心を配ってくれました。彼女は実によくしてくれますが、彼女が帰るとヘンリックは、くたびれ、罪悪感を覚えるのです。

ヘンリックは彼女に、こんな謝罪の手紙を書きました。この手紙は、渡すわけでも誰に見せるわけでもなく、ただ書くだけです。

君に夢中になれなくて、ごめん。
一緒にいるとき、退屈だと思ってしまって、ごめん。
君のことをもう好きじゃなくて、ごめん。
君の時間を無駄にしてしまって、ごめん。
君がつらそうなのに、僕は平気で、ごめん。

手紙を書き終わったヘンリックは、自分の罪悪感が不合理なほど強烈ではなくなり、元恋人が望む感情を自分がもう抱いていないという事実はどうしようもないものなのだ、と気づきました。

無力感を表現する

自分が無力であることは、「〜だったらよかったのに」という言葉で表現できます。

謝罪の手紙を無力感を表現する手紙に書き換えることで、ヘンリックは心の重荷を下ろすことができました。

君に夢中だったらよかったのに。
一緒にいると、元気になって、わくわくできたらよかったのに。
君の愛情に応え、君を喜ばせてあげられたらよかったのに。
君と一緒に未来を歩めたらよかったのに。
僕たち二人とも、うれしい気持ちになれたらよかったのに。

もう1つ例を挙げましょう。

エヴァのケース

エヴァは家族の誕生日を祝いに行きました。本当はあまり気乗りがしませんでしたし、妹もあまりうれしそうには見えませんでした。家に戻ったエヴァは、失敗したと思いました。

彼女の謝罪の手紙は、次のようになりました。

ごめんなさい、私、疲れちゃった。
ごめんなさい、私、皆と話すことができなかった。
ごめんなさい、途中でしばらく、ぼうっとしてしまって。
ごめんなさい、陽気でも楽しくもなくて。
ごめんなさい、話の大半をどうでもよいと思ってしまって。
ごめんなさい、雰囲気をよくできなくて。

後で彼女はこの手紙を、無力感を表現する手紙に書き換えました。

私がもっと元気だったら、よかったのに。
皆と話せたらよかったのに。
もっと皆のために気配りができればよかったのに。
皆を笑わせられたらよかったのに。
楽しく話を聞ければよかったのに。
雰囲気をよくできればよかったのに。

エヴァは無力感を表す手紙を書くと、自分の善意からの願いを認めることができ、気分がよくなりました。

罪悪感の思いを言葉で表す

自分の罪悪感になりきって、あなた自身に手紙を書いてみましょう。

事態を好転させるために、あなたが何をしたらいいか、罪悪感に話をさせましょう。罪悪感にあなたの思いを表現してもらいましょう。

カロリーネのケース

カロリーネへ

彼を拒むのはやめて。彼が悲しむのがわかるでしょう。彼はあなたに常に受け容れてもらう必要があるの。

そうでなければ彼がどんなに孤独で見放された気分になるか、考えてみて。あなたが彼をもっと愛してあげればいいだけのことでしょう。彼はあなたのために、できることは何でもしてくれたのよ。あなたは彼にもっとお返ししなくてはあなたは彼が常に幸福と感じられるようにしなくてはならないのではないかしら。彼にはそうしてもらう資格があるのよ。

カロリーネの罪悪感より

手紙を書き終わったら、その文章を箇条書きにしてみましょう。
カロリーネのリストは次のようになりました。

彼が私を愛してくれたのと同じぐらい、私も彼を愛すべきだった。
彼には愛される資格がある。
私は彼をいつでも受け容れるべきだ。
私は彼を幸せにするべきだ。
でないと、彼を悲しませてしまう。
彼には最大限、愛されるだけの資格がある。

自分の罪悪感に思いを表現させたことで、自分がリストアップした願いが、人間よりもむしろ全知全能の神に祈ったほうがいいような願いであることがわかりました。
カロリーネは次のような答えに行き着きました。

他人をどれぐらい愛するかは、自分で決めるものだ。

愛されるのに資格などない。

誰にでも他者を受け容れずに、一人でいる時間が必要だ。

幸福な人生を送れるようにするのは、彼本人だ。他人に責任はない。

悲しむこと自体は、誰かの害にはならない。

苦難に陥ったり、失望されたりすることが一切ないような素晴らしい人間などいない。誰もが人生で痛みを経験する。痛みは新しい可能性の扉である。

彼に苦難と危機を経験させよう。そうすることで彼は成長し、強くなれる。


カロリーネはエクササイズを通じ、自分がいかに壮大で完全に不可能な要求を自分に課していたのかを知りました。

このように洞察したことで、彼女の頭に渦巻いていたネガティブ思考が影を潜め、より創造的な思考が入る余地が生まれました。


このエクササイズは、考えるだけではなく、実際に紙に書くことが大切です。

考えを紙に書けば、それを外側からとらえる機会が得られます。マス目や罫線の入っていない真っ白なＡ４のノートを用意しましょう。左側のページで、あなたの罪悪感に話をさせ、右側のページにそれに対する答えを書きましょう。そうすることで、贖罪の言葉とそれに対する答えが並びます。

あなたの感情は、ときにあなたの理性と相容れない事柄を教えてくれるでしょう。たとえば、どんなに最善を尽くしたとしても、他人と会う約束を破ってしまったら、申し訳なく思うでしょう。また運転中、後ろから車にぶつけられて、よけることは不可能な事故だったとしても、あなたは責任を感じるかもしれません。

頭で考えることと、心で感じることは同じではありません。

両方があなたに影響を及ぼし、あなたを引っ張ります。代わる代わるあなたの心に去来する場合もあるでしょう。両方のメッセージが心の中に隣り合って存在することで、どちらか一方だけに片寄った間違った解釈は消えていくでしょう。

書き終わったら、左ページの言葉と右ページの答えを代わる代わる読みましょう。視線を左から右、また左から右へと移動させていきます。ゆっくりとそれらの答えについて考え、あなたが罪悪感を覚える要因は何なのか、考えましょう。

もしも答えがなかなか見つからないのであれば、誰かとそのことについて話をするのもよいでしょう。客観的に、何が起きているか教えてもらえるはずです。

あなたに罪がないこと

- あなたが抱いている感情

誰かがあなたに何か感情を抱いても、それはあなたの罪ではありません。たとえそれらの感情が妥当なものであったとしてもです。感情は、自分で選べるものではないのです。

- ほかの大人が、満足いかない人生を送っていること

大人は皆それぞれ幸せな人生を送るよう努力する責任を持ちます。また苦難を成長に変える責任も負います。

どんなにみじめな人生、どんなに完璧な人生にも、苦難はつきものです。

・あなたに限界があること

ほかの人があなたより何かに長けていても、それはあなたには関係ありません。あなたに対して、周りの人を無条件に愛するように求める権利のある人などいません。またあなたが子どものときに与えられなかったものすべてを、あなたの子どもに与えるよう、あなたに求める権利のある人もいないのです。

あなたが責任を負うこと

あなたの力が及ばないとき、またはあなたの問題がほかの人に影響を及ぼすとき、あなたは最善を尽くし、助けを求める責任を負います。

次の章で、不合理な罪悪感と、それらについてどう理解し、どう向き合えばいいかを見ていきましょう。

エクササイズ

罪悪感を探る

あなたが罪悪感を覚える状況を思い浮かべてみましょう。

謝罪の手紙を書いて、不可能なことも理に適わないことも一切合切あやまってしまいましょう。その後、謝罪の文章を「～だったらよかったのに」に書き換えることで、無力感を表現しましょう。

手紙を書いたことで、あなたの気持ちがどう変わるかを感じましょう。


さっきとはまた別の状況を思い浮かべてみて、あなたの罪悪感に、思いを手紙にしたためさせましょう。その手紙に書かれていた願いや主張をリストにして、それに対する答えを探しましょう。主張を左ページに、それに対する答えを右ページに書くことで、主張と答えを代わる代わるに見ることができます。

まとめ

不合理な罪悪感を手放す

私たちは、ときに状況にそぐわない強烈な罪悪感を覚えることがあります。
罪悪感が不合理かどうかは、心を落ち着けるためにどうしたらいいのか、自分に問いかけることではっきりします。

謝罪の手紙など、エクササイズに取り組みましょう。
あなたの心にある罪悪感がいかに不合理か、知ることができます。
そうすれば、あなたは自分を苦しめる感情から解放されるはずです。

第12章

心の奥深くまで解き放たれる

喜びを感じる罪

あなたの罪悪感が不合理なものであるとすれば、それは見えないところで密かに何かが起きている証拠かもしれません。あなたの罪悪感は、あなたが直視するのを避けている現実や、怒りや無力感や悲しみといった感情を隠すものなのかもしれません。また罪悪感は、あなたが抱いてはいけないと思っている喜びを感じないようにするためのものかもしれません。

強く禁じているために、あなたが認めたことのない密かな喜びを隠そうと過剰な罪悪感を覚えることもあるでしょう。

たとえば、ほかの人よりもきれいだとか、お金持ちだとか、賢いとか、健康だとか、ほかのさまざまな点で恵まれていることを罪だと感じてはいませんか？

なかには、他人と自分を比べて喜びを感じることを、ほかの人の不幸を喜ぶことと混同し、悪いことだととらえる人もいます。しかしそれは、他人の不幸を喜んでいるのではなく、感謝の思いを感じているだけかもしれません。また、たとえ他人の不幸を喜んでいるのであっても、それを公にしない限り、誰も不快にさせることはないでしょう。

感情をなかなかコントロールできないがために、喜びを噛み殺そうとしても、噛み殺せないこともあるかもしれません。そんなときは、罪悪感のほうをどうにかするほうがずっと簡単でしょう。手っ取り早い方法は、人と比べることで喜びを感じる罪悪感を自分自身に禁ずるなど、人生のルールを変えることです。

カモフラージュとしての怒り

親しい人に先立たれた人が、怒りの反応を示すことがよくあります。この怒りを危機の印と理解することができます。遺されたその人は我を失い、現実を見つめることも、自身の心の反応を受け止めることもできないのです。

怒りを外側に向けるタイプの人の場合、その怒りを、死の原因をつくったと思う相手、たとえば医師や看護師やなかなか来なかった救急隊員などに向けることがあります。責められる人がいない場合、看病をあまりしなかったと思う相手や死者に怒りが向かうこともあります。

一方、怒りが内側に向かった場合は、罪悪感や自責の念に変わります。たとえば、最期にもっと付き添ってあげればよかったと思ったり、もっと親切でやさしい言葉をかけてあげればよかったなど、故人との関係性について自責の念や罪悪感にかられるパターンもあります。

怒りが外側に向かうときと内側に向かうとき、どちらのケースも、現実を直視するのを避け、自分を守っているととらえることができます。

その人の頭の中が、過去のことや、どうしたらもっと状況がよくなっただろうという空想にとらわれている限り、亡くなったことが現実のことと思えなかったり、ある人の怒りや後悔が現実を変えることができたのではないかと一瞬思えてしまったりするのです。

罪悪感が防御の働きを果たすとき、遺された人たちは、怒りや罪悪感について聞かされても興味を持ちません。

外からはいつも通りに見えるため、周りの人は、その言動とは裏腹に、罪悪感が増幅していると理解するのは難しいでしょう。

後悔をほかの感情や、恐ろしい現実を目の当たりにすることに対する防御と考えれば、すべてのつじつまが合います。

死を、距離を置いて見つめられるようになってはじめて、完璧な人はいないことや自分の行動や有りさまは人間的で許されるものであると受け容れられるようになるのです。同じメカニズムが、たとえば離婚でパートナーを失ったり、友人や仕事、健康を失ったりするなど、ほかの喪失の際にも働くことがあります。ここでも罪悪感はあなたがまだ受け止め、認める準備のできていない洞察や感情から守る重い毛布のようにあなたを覆い隠すのです。

無力感と悲しみからの防御としての罪悪感

前の章で、父親の機嫌が悪くなると、罪悪感を覚えるルーネについてお話ししました。そこには、実はほかの感情が隠れています。本当はいやな父親からのアドバイスへのいらだちが、どこかに隠れているはずです。父親に求めていたけれども得られなかったものへの大きな悲しみも、隠れているのかもしれません。

罪悪感は内側に向かう怒りです。そしてルーネが、コミュニケーションがうまくいかない怒りを自分自身に向けてしまうのは、ある意味、理に適ったことです。いちばん物事を変える力を持っていると思える相手に、怒りを向けるのは無理もありません。

ルーネはひょっとしたら、無意識的に、父親よりも自分のほうが余裕があると思っているのかもしれません。それでも自分が父親を救えると考えるのは、自分を買いかぶりすぎです。**相手が心から望んでいるのでなければ、救うことはできません。**

ルーネの父親は変わることをまったく望んでいません。むしろ、自分は息子にアドバイスできる懐の深い父親だ、と思っているのではないでしょうか。

ルーネの罪悪感は、自分が状況を変えられるという幻想に基づきます。父親の絶望的な状況を直視し、父親の痛みを味わうことは、今のルーネには難しいようです。父親の幸せを心の中で願い、父親に自分を救ってほしいという願いを、なかなか手放せずにいるのです。そして自分が父親を助けるべき、また助けることができるという幻想を抱き、自分にムチを打ってしまっているのです。

彼が怒りを一部でも外に出すことで、本当はいやな父親からのアドバイスに歯止めをかけることができます。そうすれば、状況はよくなるでしょう。

もしもあなたが特定の関係性について罪悪感を覚えるのであれば、何か目をそらしているものがあるのではないかと調べてみるとよいでしょう。うまくいっていなくて、あなたに思いやりを示す余裕のない人が周りにいる場合、あなたは怒りや悲しみが表出する一歩手前で留まっている可能性があります。

願いが肝心

人間関係で自分が何を望んでいるのかを知ることが大切です。私たちの感情は、私たちの感情がどこまで歓迎されるか、その反応を示すものなのです。

あなたは望むものを手に入れれば、喜びを感じるでしょう。

あなたが自分はそれを手にするために闘っていると思うのならば、怒りが闘争心と相まって強まるはずです。

あなたが、自分の願いをかなえるのをあきらめてしまったのなら、悲しみが押し寄せてくるでしょう。

あなたに現実を目にし、悲しみや闘争心を感じる心の準備ができていなければ、罪悪感は、濃い霞でできた毛布のように、何もかもを覆い隠すでしょう。

あなたは自分の願いが何かを知ることで、霞から抜け出す道を踏み出すことができます。

次のようなちょっとしたエクササイズに取り組む際、自分の反応を探ることで、願いを知ることができます。

あなたが罪悪感を覚える相手が、あなたに手紙を書くところを想像しましょう。そしてその手紙を相手になりきって書いてみましょう。あなたが相手から聞きたいと心の内で願っていることをすべて手紙に書き連ねましょう。

あなたの理性がいくら拒否反応を示しても、空想の翼を広げ続けるのです。それが現実かどうかは気にしないで、あなたの心の深層を感じましょう。

相手が何と言ってくれたら、あなたは喜び、満足しますか？

ルーネの手紙は、次のようになりました。

ルーネへ

君が来てくれてうれしかったよ。忙しいなか、来てくれてありがとう。君が来てくれたことで、私の心は喜びで満たされた。君と会うことが父さんの生きがいなんだ。

君みたいにしっかりした息子を持てたことが誇らしいし、うれしく思うよ。人生には困難がつきものだ。もしも父さんにできることがあれば、言ってくれよ。

父より、愛を込めて

そうしてルーネは自分が父親に、息子である自分のことを喜び、感謝し、誇りに思い、幸せを感じてほしいと、どんなに強く願っているか、はっきりと気がついたのです。

自分に何が変えられるかを知る

願いがはっきりしたら、非常に重要な分かれ道に私たちは立たされます。デンマークには、こんな歌があります。

神よ、私に与え賜え
やりきれない現実を受け入れる心の平穏を
自分にできる事柄を変える勇気を
違いを見極める聡明さを

（作者不明）

あなたが渦中にあって、感情や要求がせめぎ合う最中では、現状を受け容れるために何を変えられ、何を現状のまま受け容れるのがいいのか、見極めるのは難しいかもしれません。その状況に少し距離を置くことで、評価しやすくなるでしょう。

あなたが警察官だったら、と想像し、こう自分に尋ねてみましょう。

「それを変えられると思う理由は何ですか？」

「変えられないと思う理由は何ですか？」

感情や感覚から目を背けましょう。それらに警察官は興味がないはずです。それにあなたの願いは、あなたの感情や感覚に色を染められてしまっている可能性もあります。質問と答えは具体的でなくてはなりません。

ルーネはたとえば、こう自分に問いかけることができるでしょう。


「お父さんはどれぐらい長い間、機嫌が悪かったのだろう?」

「完全にうまくいっていたことなど、あるのだろうか?」

「お父さんを助けようとした人は、僕のほかにいるのだろうか?」

「それは実際に助けとなったのか?」

「お父さんはそのことに感謝したのだろうか?」

「お父さんは助けが必要だとか、成長したいという意思を示したことはあるのだろうか?」

「変わりたくないという意思を表明したことは?」


あなたの状況に合う、具体的な質問を考えて、その下に答えを書きましょう。

そうやって外からとらえることで、すべてが明瞭になるでしょう。

相手との関係性や状況が変わらないことがわかれば、あなたはショックを受けることでしょう。そのときは泣いて、前に進むのです。そうやって努力をするなかで、罪悪感は次第に消えていくはずです。

しかし、願いは消えません。あなたの願いは、あなたの人となりを表すものであって、たとえそれらの願いが好ましいものでなくても、願いに寄り添い、願いをあたたかな目で見つめることが大事です。


願いを持つことに問題はありません。

願いはあなたの生きる糧《かて》となります。


願いがかなわなかったときの悲しみは、それらに寄り添って罪や恥から解放されれば、それでいいのです。

あなたの願いも、それがかなわない悲しみも消えないでしょう。

けれども、何かを変えようと願って闘うのと、闘いをあきらめて、何か別のことに力を注ぐのとでは、大違いです。前者は、しっかりと塞がれた扉を叩きながら、ドアが開かないことに文句を言うようなものです。後者は、ドアから背を向け、すでに少し開いているドアを目にするようなものです。

ときには状況を受け容れ、希望を捨ててしまうこともあるでしょう。または早くあきらめてしまって、闘いに再び臨む喜びを得ようとすることもあります。

あきらめるのが早すぎるとき

あきらめたほうがいいことを望み続けることで、チャンスを潰すことはありますが、その逆もありえます。

リネアは大学進学をあきらめました。でも本当は、自信をつける助けをもう少し得られていたなら、絶対に無理だったわけではないかもしれません。それでもリネアはあきらめました。

マッズはチャレンジもせずに、恋人をつくるのをさっさとあきらめてしまいました。

あなたの場合は、あきらめるのではなく、別の方向――つまりあなたが望むものを手に入れるために闘うという方向に進むかもしれません。

人生では、闘うときと、あきらめるときのバランスをとる必要があります。

あるときは、あきらめるのが最善だったとしても、次の瞬間には闘わなくてはならないかもしれません。

もしあなたが闘い続けるファイターであるなら、あきらめる練習も間違いなく必要です。あきらめることで救われる場合もあるのですから。

エクササイズ

罪悪感に隠れた感情を知る

まずは、あなたが罪悪感を覚えている人間関係を思い浮かべましょう。

あなたが目を背けていることがあるのか、それともあなたの罪悪感の陰に、別の感情が隠れているのか、考えましょう。


あなたが怒っていることはありますか?

何かがなかったり、誰かがいなかったりして、物足りないとか寂しいとか思ったことはありませんか?

もしくは、感じてはならないと無意識的に思っている喜びが隠れているのではないでしょうか?


あなたの本当の気持ちを見つけてあげましょう。

相手からあなたへの手紙を書き、相手にあなたが相手から聞きたいと思っている言葉を綴ることで、その人間関係にあなたが何を望んでいるかを探りましょう。願いがかなわないと判明したときのため、悲しみを味わう心構えをしておきましょう。そうしなければ、怒りの火がついて、願いをかなえようと躍起になってしまうかもしれません。

＿＿＿＿＿＿＿＿＿＿＿＿＿＿＿へ

＿＿＿＿＿＿＿＿＿＿＿＿＿＿＿より

まとめ

心の奥深くまで
解き放たれる

あなたが状況と不釣り合いな、過度な罪悪感を覚えてしまっているなら、それは直視する心構えができていない怒りや、感じてはならない喜びや無力感や悲しみを隠すためかもしれません。

何を実際に変えて、何を受け容れたほうがいいのか、区別することが重要です。
もしもあなたが変えられないことを変えようと闘っているのであれば、怒りを無為に自分自身に向けてしまう危険性があります。

第13章

自分への幻想を手放す

闘いの代償

願いをかなえることができるという希望をあきらめたとき、あなたは安心感と悲しみの両方を味わうでしょう。悲しみは周りの人の慈悲を呼び起こします。そしてあなたは悲しみのプロセスを終えるとき、新たな可能性を見出すのです。

悲しみに没入することで、罪悪感は薄まるばかりか、完全に消えることもあります。

私は、姉と子どものころのような、親密な関係には戻れないのだと気づくと、悲しみに打ちのめされました。姉は私にとって母のような存在でした。姉のおかげで、安心してこの世界で生きていられたのです。それに姉がいないと100%自分らしくいられないと感じていました。

私は姉の夫と子どもたちが、姉の生活を独占していることを、耐えがたく思うようになりました。自分が姉にとって、再び重要な存在になれるよう願い、姉を心地よくしてあげるためにさまざまな手を尽くしました。でも、その計画はうまくいかず、自分自身に怒りを覚えるようになりました。

今では、失ってしまったものを直視することを常に意識しています。ですが、悲しみに圧倒されてしまうときは、自分がどうやったら姉とまた親しい関係になれるのか空想することで、悲しみから離れ、一息つこうとしてしまいます。すると私は罪悪感にかられ、プレッシャーを感じるようになりました。

再び悲しみから解放され、「かわいいイダ、あなたには、どうしようもないことなの。あなたのせいじゃないわ」と自分自身に語りかけると、またもや悲しみが押し寄せてきました。ところがその後、肩の力が抜けて、自分のことをよく思えるようになったのです。

イダ、32歳

長い間、闘いすぎてしまう人もいます。心理学博士で神学者のベント・ファルクが言うように、「最も苦しむのは、強い人です。リングにタオルを投げ入れるまでが、長すぎる」のです。強い人は、持っている時間、精神力、体力、権力の限界を超えるまで、闘い続けてしまいます。

イダは、ちょっとやそっとじゃへこたれない意志の強い女性です。彼女の闘いは、たくさんの傷跡を彼女の体に残し、自己否定という敗北を幾度となく彼女にもたらしました。それでも彼女は、自分の敗北を直視せざるをえなくなるまで、何年も闘い続けたのです。

闘いに払う代償が大きく、心のどこかでもう絶対勝てないとわかっていても、闘いから降りたくないと強く抵抗した経験はありませんか？　あきらめることで、幻想や権力を手放す必要が生じることも、しばしばあります。

責任と権力

より多くの責任と罪を負えば負うほど、私たちはより大きな影響力を持つようになるでしょう。そしてそこに一定の安心感が生じるはずです。

あなたの夫婦関係がうまくいっていないのが、あなたのせいだとすれば、関係性をよくする選択をとれるのも、あなた自身です。もしもあなたのせいでなければ、救い出せるのも、あなたではありません。その場合、あなたは無力です。

子どもというのは、実際よりも多くの罪を自分の罪と思ってしまいがちです。自分の影響力を過剰評価してしまうのです。

自分自身の重要性、権力、影響力を過信しなくなるまでには長い時間がかかります。そのため、私たちは、自分の力をはるかに上回った範囲で責任や罪を背負い込みがちです。

以下に例を示します。

私は一目惚れした女性とデートしました。彼女は美人で、魅力的で、知的で、ユーモアがあって、僕がずっと夢見てきた理想の女性でした。僕たちはすぐに体の関係を持ちました。すべてが夢のようでした。ところが3週間後、電話に出てもらえなくなりました。僕は傷つき、落ち着かず、部屋を歩き回りました。今にも泣き出しそうになりながら、自分の言動一つひとつを思い返すと、後悔の渦が押し寄せてきました。あの発言はバカみたいだったな、とか、あれは自己中心的だったな、とか、これまでの発言を走馬灯のように思い返し、自らを厳しく批判しました。そして行き着いた結論は、関係を急ぎすぎた、というものでした。

そこで彼女に心を落ち着ける時間を与えるために、しばらく連絡しないことにしました。

1年後、人づてに、僕との付き合いを短期間で終えたいと、彼女はまったく思っていなかったことを知りました。

ラース、38歳

ラースは、彼女が去っていった責任が、全面的に自分にあると考えました。これは予期せず不快な展開になったときにありがちなことです。

私たちがすべての責任を負おうとする限り、それを変える権力を自分たちが持つと信じ、生活を送ることになります。

何カ月もたってはじめて、ラースは自己否定から解放され、会うのを拒まれている状況に対し、自分は無力だということに気づいたのです。

さらに別の例を見ていきましょう。

今回は、私自身の経験をお話しします。

私は長年、母親との関係につきまとう罪悪感と闘ってきました。その原因は、権力を持つという幻想です。私は母に、私のことを見つめ、受け容れられるような健全で、接しやすい人になってほしいという願いを抱いていました。そして、うまくいけば、自分が母を変えられるとも思っていたのです。

私は何年も自分を責め続け、ついにある日、自分には権力があるという幻想を手放し、無力さや悲しみを感じられるようになりました。そうしてはじめて、罪悪感から自由になれたのです。

これらの例が示す通り、人生に起きる困難と闘ううえで、自分の能力を過信しすぎることは、大きな苦しみの原因になる場合があります。

今の私は、自分が実際の力をはるかに上回る責任や罪を背負い込んでいたことを、ばかばかしいとさえ思っています。何をそんなに買いかぶっていたのか、と。小さなダックスフンドがシェパード犬に立ち向かい、やりこめられてしまうときのように——。

私が自分を過大評価してしまったことを笑い飛ばせるようになるまでには、何年もの年月が必要でした。

自分には、思っていたほど力がないのだと気づいたとき、はじめは、恐怖だけでなく、さまざまな感情に襲われました。

その境地に達するまでに私がとった方法は、誰かと話すことでした。そうすることで、一人で抱え込んでいたときよりも、物事が順風満帆に進むようになったのです。

自分の無力さからあえて目を背けず、そこから生まれる悲しみや不安を受け止められるようになれたのは、大きな収穫です。

アフリカでは、動かないよう固定した入れ物にナッツを入れ、猿をおびきよせてつかまえます。入れ物の口は、猿の片方の手が入るぐらいしか開いていません。そしてその手でナッツをつかめたとしても、穴が狭すぎて、手を出せなくなり、身動きがとれなくなるのです。私たち人間も同じように捕えられ、身動きがとれなくなって疲弊してしまっているのです。

自由になるには、ときに何かを手放す必要があります。

怒りを悲しみに変える

怒りは闘争のエネルギーです。このエネルギーによって、あなたはときに自分自身と闘います。この闘いの終わりには、ストレスと絶望が訪れるかもしれません。

喪失を目の当たりにしたら、それを悲しんでいいのです。悲しみには、大いなる平穏が潜んでいます。涙は周りの人の慈悲の念を呼び起こします。あなたが喪失の感情をあえて共有するのを厭《いと》わないのであれば、大きな愛と深い心の結びつきが生まれるでしょう。

あなたは失ったものに別れの手紙を書くことで、怒りが悲しみに変わるのを促すことができるでしょう。あなたが失ったのは希望や夢だったのかもしれません。

本当にいちばんほしかったものは何なのか思い浮かべたら、それがほしいという思いにさようならしましょう。

「ありがとう」という言葉は、別れの際、常に重要となる言葉です。自分が何に感謝しているか知ることは、ほしかったものを手放す助けとなるでしょう。

【ルーネの別れの手紙】

あたたかくて、接しやすい、よい父親がほしいという夢へ

君を手に入れられるようにするために、何かできた、また何かするべきなのは僕自身だと思ってた。

重荷を持ち上げることができず、自分のことをどうしようもない人間だと感じていた。

自分を過剰評価することで、僕は心の健康を保っていたのかもしれない。それに希望を得ていたのかも……。僕はそのことにお礼を言いたい。でもそれはまた僕に重い罪悪感も与えた。僕は耐えられなくなった。

さようなら、夢。ここまで一緒に歩んでくれてありがとう。

お父さんが幸せそうにしているところを見たいという願いよ、さようなら。

がんばってお父さんと素晴らしい関係を築きたいという夢よ、さようなら。

さようなら、あたたかで、接しやすい父親へのあこがれ。

さようなら、親から目をかけられ、受け容られているという感覚。

決して手に入れられなかったもの、それにこれからも手に入れられないものよ、さようなら。

決して開かない扉をこじ開けようとするのはやめて、振り返って、開けられる扉を探すよ。

ルーネより、愛を込めて

【ヨーアンの別れの手紙】

教育を受けたいという夢へ

君は決して実現しなかったね。今、それがわかるよ。でも教育を受けられたらどんなに素晴らしい人生を送れたか空想するのは楽しかった。

僕はこれまでの学校教育で学べたことや楽しい体験に感謝する。

そして今、僕は手放すことにした。

学問を修めたいという夢よ、さようなら。卒業試験に受かったらという空想や夢よ、さようなら。

人文博士になるという妄想よ、さようなら。

ほしかった称賛よ、さようなら。

両親から誇らしく思ってもらえるという体験よ、さようなら。

僕はすべての夢を楽しんだ。さようなら、そしてありがとう。

チャンスを生かし、チャレンジしてきた自分自身に、ありがとう。

泣き終わった僕は、自分が受けられそうな教育がどれか見つけよう。

ヨーアンより、愛を込めて

闘いから免れた私たちは、同時に、自己否定や罪悪感という重荷を下ろすこともできます。


【シッセルの別れの手紙】

モデルみたいに細くなりたいという夢へ
もうあなたのことはあきらめることにするわ。

出産前に買ったズボンが、いつかまた入るようになるんじゃないかという希望よ、さようなら。

母親より自分のほうがよい人間だという盲信よ、さようなら。

理想体重になれたらという希望よ、さようなら。

鏡に映ったスリムな自分を見て、うっとりしてみたいという夢よ、さようなら。

痩せたらこんな楽しいことが待っているだろうなと想像してしまう自意識よ、さようなら。

これからは自分に価値を見出し、自信をつける術を探求しよう。

シッセルより、愛を込めて

シッセルは体重を減らすため、己と延々と闘ってきました。シッセルは母親とまったく同じで、自分が油っぽい食事をとりすぎていると感じていました。思春期のころは、母親のせいでダイエットが続かず、脂肪が落ちなかったために、母親を嫌っていました。ところが子どもが生まれてから、今度は自分が太っていることで子どもから嫌われるようになり、自身に怒りを覚えるようになりました。

しかし、痩せるための闘いをあきらめると決めたシッセルは、劣等感や自分は不十分なんだという感覚や、罪悪感といった重荷を一部、下ろすことができたのです。

エクササイズ

別れの手紙を書く

あなたが罪悪感を覚えるような状況を思い浮かべてみましょう。あなたが手放せることはないか考えてみましょう。

希望？　それとも、自分との闘い？

手放すものが見つかったら、別れの手紙を書き、罪悪感が悲しみに変わるのを感じましょう。

思いついたことを自由に書きましょう

まとめ

自分への幻想を手放す

あなたの権力と影響力に限界があると気づくと、心が軽くなるでしょう。

「別れの手紙」は強力なエクササイズです。

ぜひ、書いてみてください。


自由になるには、何かを手放さなければなりません。

あなたは望みを手放すことで、闘いから逃れ、そのままの自分でいいと思えるようになるでしょう。

そうして心の平穏が訪れるのです。

エピローグ：やさしさは広がっていく

過剰な罪悪感は、あなたに苦痛をもたらすばかりか、誰の得にもなりません。

私はあなたが状況に合わない度を超した罪悪感を抱いてしまったときに、それを軽減させるのに、この本のメソッドが役立つよう祈っています。

あなたの現実の罪は事実であり、その関係において罪悪感は真剣に受け止めるべき健全な反応です。

自分自身をあたたかな目で見つめることは、自分の過ちや愚かさから目を背けることとは違います。現実をその目で見つめることは大事です。自分の限界や失敗を受け容れると同時に、自分自身に寛容な姿勢を保つことが、人を強くさせるのです。

過ちを認めるのに遅すぎることはありません。ひょっとしたらあなたは一度認めた過ちをもう一度認める必要があるかもしれません。または当時の知識を最大限まで生かして、ベストを尽くしたのだと示してよいでしょう。

あなたが自分自身のことをやさしく扱えば、自然とほかの人もあなたにやさしくしてくれるはずです。そしてやさしさは水面の輪のように伝わり、広がっていくでしょう。

私はこの本が、あなたが自分自身とあなたが生きる人生を受け容れられるようになるためのツールとなり、あなたの人生の希望と指針になるよう願っています。そして、あなたが、自分自身とほかの人たちにあたたかな目を向けられますように。

すべての対処法が、どんな状況にでも合うわけではありません。さまざまな可能性をご確認いただいたうえで、あなたの状況にいちばん合った方法を試してみましょう。

罪悪感を共有する（詳しくは第3章参照）

罪をほかの人と分け合うことができれば、責任をすべて抱え込まずにすみます。

今、あなたが罪悪感を覚えている事柄で、ほかに原因となっている人はいますか？　あなた以外でその事柄に影響力を持つ人のリストを作って、罪を分けましょう。それをパーセンテージで表しましょう。ほかの人に責任を与えれば与えるほど、あなたの罪悪感は減るでしょう。

あなたは罪悪感の一部を拭い去るだけでなく、状況をよくする責任を引き受けることもできます。それが最も賢明な道の場合もあります。

修復する（詳しくは第2章参照）

あなたが言ってしまったことや、してしまったことを心から悲しんでいるのであれば、ほかの人にそう伝え、修復しようと提案することができます。あやまるのに期限はありません。自分自身を苦しめることがある限り、何年たっても、その関係性に立ち返ることはできます。

人生のルールを変える（詳しくは第4章参照）

あなたの人生のルールがあなたの状況にまったく合っていないことがあります。ルールが厳しすぎると、あなたはすぐに罪悪感でいっぱいになるでしょう。

人生への期待を変える（詳しくは第4章参照）

あなたやあなたの身近な人が、あまりにも能天気に、「悪いことは一切起こらない」「どんな困難も簡単に切り抜けられる」などと期待していたら、いざ何かが起こったときに、あまりにもショックが大きすぎるでしょう。そして、悪いことが起こらないはずの人生に悪いことが起こったのを、自分のせいだと考えてしまうかもしれません。

怒りの一部を外側に向ける（詳しくは第3章参照）

ほかに罪のある人に手紙を書いて、その人がどこまで責任を負うのかを示し、あなたがその人たちに何をすべきだと思うか、何をしてほしかったかを告げましょう。手紙は送らずに、あなただけのために書きます。手紙を書いているうちに、あなたは自分の状況について話したくなるかもしれません。

あるいは、単に自分のことをよりあたたかな目で見るようになるかもしれません。

罪悪感が現実に即したものなのかを調べる（詳しくは第11章参照）

相手の罪を問う手紙と謝罪の手紙を送らずにただ書いてみましょう。このエクササイズに取り組むうちにあなたは、過度な罪悪感を軽減できることに気づくはずです。

自分自身を許す（詳しくは第10章参照）

過去の過ちの罪滅ぼしをしようとするのはやめましょう。一生涯、自分自身を罰し続けるのはやめましょう。代わりに、これからの可能性に意識を向けるのです。

ほかの感情が隠れていないか調べる（詳しくは第12章参照）

罪悪感の陰には、ときにほかの感情が隠れていることもあります。

あなたが何を願っているか、人間関係に何が欠けていると思っているかを探りましょう。

次のように自分に問いかけてみましょう。

「悲しむべきことなどあるだろうか？」

「なくしたものはあるだろうか？」

「私が焦がれているものはあるのだろうか？」

「私はその人に怒っているのだろうか？」

「いけないことだとわかっていても、心の奥底では喜んでいないだろうか？」

周りに無責任な人がいるか調べる（詳しくは第9章参照）

無責任な人と付き合うことで、あなたが過度に責任を負い、実際にはほかの人が負うべき罪や責任を負わされていないか考えてみましょう。あなたはその相手と付き合うのを控える必要があるかもしれません。

闘いを放棄する（詳しくは第12章参照）

罪悪感は自分自身に向けられた怒りです。怒りとは闘う力であり、かなりのエネルギーを要します。あなたが何のために闘っているのか考えて、その目標が現実的なものか考えましょう。闘うことよりも、それを放棄することのほうが、あなたにとってよいことかもしれません。

罪悪感と友達になる（詳しくは第5章参照）

感情的に何かすると大きな問題が起きることがよくあります。しかしながら、感情とは危険なものではありません。感情はなくてはならない大切なものです。あなたの罪悪感に対して、「知りたい」という好奇心旺盛な態度を貫きましょう。あなた自身とあなたの価値観を信じ、あなたの罪に価値を与えましょう。

罪悪感を「存在税」とみなす（詳しくは第5章参照）

周りの人が望むことや期待することと違うことをして、怒られたり、低い評価をされることをあなたは恐れているかもしれません。恐怖心や、すべての人の期待に応えられるわけではないという悲しさに慣れる練習をしましょう。

今、あなたが抱いている罪悪感は、心の奥底で正しいと思っていることをできるようにするために必要な代償なのかもしれません。

過度な責任を負うのをやめる（詳しくは第11章参照）

あなたが過去に、ほかの人の痛みの原因となってしまったことがあるなら、悲しみや後悔を言葉に表してもよいのです。

でも相手が今幸せな人生を歩めるようにすることが自分の責任であると思ったり、罪滅ぼしを続けようと思ったりしないように気をつけてください。相手が大人である場合、唯一責任を負えるのは、その人だけです。責任を負うために、あなたが相手に尽くす必要はないのです。

自分自身の罪に寄り添う（詳しくは第9章参照）

あなたがほかの人に関わる選択をするのであれば、あなたが罪を背負うほうが、うまくいくでしょう。あなたの行動を無理に正当化するような説明はしないようにしましょう。罪を引き受けるのは、偉大で勇敢なことです。罪を引き受けることで、成長できるのだと考えましょう。

自分自身に愛情を込めて話しかける（詳しくは第2章参照）

ノートを買って、3～4カ月、自分がしたよいこと、建設的なこと、喜びや満足感を覚えたこと、この3つを毎日確かめるために、そのノートを使いましょう。そうすることで、自分自身をあたたかな目で見る練習ができるでしょう。

謝辞

心理学博士で、神学者で、ベストセラーになった『あなたのいる場所にいること』（未邦訳：英語タイトル"Honest Dialogue"）などの著作を持つ作家でもあるベント・ファルクに特に感謝します。彼は、私生活、また職業人としての私の成長に対して計り知れないほどの助けをくださいました。

心理学博士で、亡くなる直前までゲシュタルト心理学研究所の所長を務められていたニルス・ホフマイアーは長年、私に大いなるインスピレーションを与えてくれました。

また、私の原稿を熟読し、フィードバックをくださった皆さんにも感謝を申し上げます。お名前をここに挙げます。エレン・ボエルト、マーギット・クリスチャンセン、イーネ・エスゴー、クリスティーネ・グルントヴィ、リーネ・クルンプ・ホーステッド、マーチン・ホーストロップ、キアルティーネ・サン、クヌード・エリック・アナセン。あなたたちは特に大いに貢献してくださいました。

デンマーク語の文献

- Buber, Martin: *Jeg og du.* Hans Reitzel 1992
- Davidsen-Nielsen, Marianne og Nini Leick: *Den nødvendige smerte.* 2. udgave. Gyldendal Akademisk 2004
- Davidsen-Nielsen, Marianne: *Blandt løver. At leve med en livstruende sygdom.* 2. udgave. Hans Reitzel 2010
- Falk, Bent: *At være der hvor du er.* Nyt Nordisk Forlag. 3. udgave 2010
- Falk, Bent: *Kærlighedens pris I & II.* Anis 2005
- Falk, Bent: *I virkeligheden.* Anis 2006
- Hart, Susan: *Neuroaffektiv psykoterapi med voksne.* Hans Reitzel 2012
- Sand, Ilse: *Find nye veje i følelsernes labyrint.* Ammentorp 2011.Ny revideret og opdateret udgave 2016
- Sand, Ilse: *Værktøj til hjælpsomme sjæle-især for særligt sensitive, som hjælper professionelt eller privat.* Ammentorp 2014
- Sørensen, Lars: *Skam.* Hans Reitzel 2013
- Sørensen, Lars: *Selvglad.* Dansk Psykologisk Forlag 2018
- Toustrup, Jørn: *Autentisk nærvær i psykoterapi og i livet.* Dansk Psykologisk Forlag 2006
- Wennerberg, Tor: *Selv og sammen. Om tilknytning og identitet i relationer.* Dansk Psykologisk Forlag 2015

英語の文献

・Della Selva, Patricia Coughlin:
Intensive Short-Term Dynamic Psychotherapy: Theory and Technique, Wiley 1996
・O'Toole, Donna:
Aarvy Aardvark Finds Hope: A Read Aloud Story for People of All Ages About Loving and Losing, Friendship and Hope, Compassion Books 1988
・Yalom, Irvin D:*Existential Psychotherapy*,Basic Books 1980

日本語訳がある文献

・『無意識の心理』C・G・ユング、人文書院（1977年）
・『魂の殺人　新装版』アリス・ミラー、新曜社（2013年）
・『鈍感な世界に生きる敏感な人たち』イルセ・サン（2016年）
・『心がつながるのが怖い――愛と自己防衛』イルセ・サン（2017年）
・『鈍感な人や内向的な人がラクに生きるヒント』イルセ・サン（2018年）
・『思い出すと心がざわつく　こわれた関係のなおし方』イルセ・サン（2020年）

※日本語訳のイルセ・サンの書籍はすべて当社刊

身勝手な世界に生きるまじめすぎる人たち
罪悪感を手放して毎日をラクにする方法

発行日　2020年12月20日　第1刷

Author　イルセ・サン
Translator　枇谷玲子
Illustrator　カシワイ
Book Designer　小口翔平＋奈良岡菜摘＋加瀬梓（tobufune）

Publication　株式会社ディスカヴァー・トゥエンティワン
〒102-0093　東京都千代田区平河町2-16-1 平河町森タワー11F
TEL　03-3237-8321（代表）03-3237-8345（営業）
FAX　03-3237-8323　https://d21.co.jp/

Publisher　谷口奈緒美
Editor　元木優子

Publishing Company
蛯原昇　梅本翔太　千葉正幸　原典宏　古矢薫　佐藤昌幸
青木翔平　大竹朝子　小木曽礼丈　小山怜那　川島理　川本寛子
越野志絵良　佐竹祐哉　佐藤淳基　志摩麻衣　竹内大貴　滝口景太郎
直林実咲　野村美空　橋本莉奈　廣内悠理　三角真穂　宮田有利子
渡辺基志　井澤徳子　藤井かおり　藤井多穂子　町田加奈子

Digital Commerce Company
谷口奈緒美　飯田智樹　大山聡子　安永智洋　岡本典子　早水真吾
三輪真也　磯部隆　伊東佑真　王廳　倉田華　榊原僚　佐々木玲奈
佐藤サラ圭　庄司知世　杉田彰子　高橋雛乃　辰巳佳衣　谷中卓
中島俊平　野﨑竜海　野中保奈美　林拓馬　林秀樹　三谷祐一
元木優子　安永姫菜　小石亜季　中澤泰宏　石橋佐知子

Business Solution Company
蛯原昇　志摩晃司　藤田浩芳　野村美紀　南健一

Ebook Group　松原史与志　西川なつか　牧野類　小田孝文　俵敬子

Business Platform Group
大星多聞　小関勝則　堀部直人　小田木もも　斎藤悠人　山中麻吏
福田章平　伊藤香　葛目美枝子　鈴木洋子　畑野衣見

Corporate Design Group
岡村浩明　井筒浩　井上竜之介　奥田千晶　田中亜紀　福永友紀
山田諭志　池田望　石光まゆ子　齋藤朋子　丸山香織　宮崎陽子　青木涼馬
大竹美和　大塚南奈　越智佳奈子　副島杏南　田山礼真　津野主揮
中西花　西方裕人　羽地夕夏　平池輝　星明里　松ノ下直輝　八木眸

Proofreader　文字工房燦光
DTP　株式会社RUHIA
Printing　中央精版印刷株式会社

・定価はカバーに表示してあります。本書の無断転載・複写は、著作権法上での例外を除き禁じられています。インターネット、モバイル等の電子メディアにおける無断転載ならびに第三者によるスキャンやデジタル化もこれに準じます。
・乱丁・落丁本はお取り替えいたしますので、小社「不良品交換係」まで着払いにてお送りください。
・本書へのご意見ご感想は下記からご送信いただけます。
https://d21.co.jp/inquiry/

ISBN978-4-7993-2704-3 ©Discover21,Inc.,2020,Printed in Japan.

心の傷が癒される イルセ・サンのおすすめ本

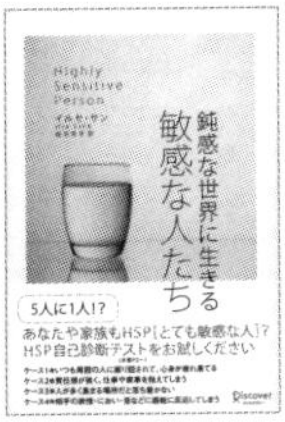

敏感さは愛すべき能力です。

5人に1人が該当するHSP(とても敏感な人)。
生きづらい世の中を“敏感さを武器”に
強く生き抜くヒント。

『鈍感な世界に生きる敏感な人たち』

6万部突破!

本体価格1500円＋税

なぜ壁をつくってしまうのか?

愛情に満ちた関係構築を阻む「自己防衛」。
知らぬ間に心の壁をつくる仕組みと、
そこから抜け出す方法を公開。

『心がつながるのが怖い　愛と自己防衛』

本体価格1400円＋税

個性に向き合い自分らしく生きる。

繊細で内向的な人の多くは、才能に溢れています。
自分の個性を上手に生かすことができれば、
じゅうぶんラクに生きていけるのです。

『敏感な人や内向的な人がラクに生きるヒント』

本体価格1500円＋税

心の奥にひっかかっている人はいませんか?

私たちは人間関係によって、
幸せにも不幸にもなれるのです。
もやもやが解消される14のレッスン。

『思い出すと心がざわつく こわれた関係のなおし方』

本体価格1500円＋税

＊書店にない場合は、小社サイト(https://d21.co.jp)や
オンライン書店(アマゾン、楽天ブックス、honto、セブンネットショッピングほか)にてお求めください。
お電話でもご注文いただけます。電話03-3237-8321(代)

Discover

人と組織の可能性を拓く
ディスカヴァー・トゥエンティワンからのご案内

本書のご感想をいただいた方に
うれしい特典をお届けします！

特典内容の確認・ご応募はこちらから

https://d21.co.jp/news/event/book-voice/

最後までお読みいただき、ありがとうございます。
本書を通して、何か発見はありましたか？
ぜひ、感想をお聞かせください。

いただいた感想は、著者と編集者が拝読します。

また、ご感想をくださった方には、お得な特典をお届けします。